子どもを育てられない親たち

草薙厚子
Atsuko Kusanagi

イースト・プレス

はじめに
内側から見た虐待問題の〝根深さ〟の真実

私がこれまでにジャーナリストとして事件取材をしたなかで、最も社会的に影響が大きかったのは2006年の「奈良自宅放火母子3人殺人事件」だ。この事件は父親による子どもへの「虐待」が招いた事件である。

実父から子どもへの虐待があったことを、行政側は把握できず、子どもが通う学校やほかの家族は認識していた。虐待通告などのなんの対応もしなかった。その結果、高校生の子どもが自宅を放火し、家族3人の命が奪われてしまった事件だ。また、事件後にその子どもは発達障害だったということも判明し、後手の対応が生んだ悲劇的な事件だった。

事件当時、関係者に取材を行った結果、「実父からの過度の虐待があった」とその一部始終を公開したところ、ご存じの方もいらっしゃると思うが、取材側が罰せられ、個人的に、その後のジャーナリスト活動を中止せざるをえなくなってしまったのである。

自宅を放火するまでに追いつめられた子どもを親、親族、学校、行政、近隣の住民など誰ひとりとして踏み込んだ「おせっかい」をしなかった。競争社会を勝ち抜くことだけが美徳とされ、家庭をとりまく社会全体の子育て力が低下していることを浮き彫りにした事件だった。

児童福祉法の改正で、2005年度からは市区町村も虐待通告に対応することになっていた。虐待について行政側も警察も検察も虐待という認識がなかったようだが、周囲にいる大人がもっと早くことの重大さに気づき、行政側も対応していたら、この悲惨な事件は防げたと思っている。

この事件で取材活動が止められてから17年が経過した。私はその間、徐々にジャーナリスト活動を再開させながらも、実際に現場を体験するために、児童相談所で働き、一時保護や家庭復帰ための面談などの仕事を目の当たりにしてきた。そこで虐待問題の根深さを、あらためて思い知ったのである。

しかし、日本は相変わらず児童虐待防止の後進国といわざるをえない。大手芸能事務所の創業者による未成年者への性的虐待がおよそ50年にわたって繰り返されてきたことが、いまになって問題になっている。

これまで『週刊文春《ぶんしゅん》』が疑惑に対して何度も報道してきたが、この事実を日本のメディアのほとんどは無視し、創業者が生きているときに刑事訴追できなかった事件だ。忖度《そんたく》を続けてきた関係者の責任や若者への影響はあまりにも大きい。

昨今のニュース報道で「虐待」の2文字を目の当たりにすることが多くなっていることに気づかない人はいないだろう。密室の行動であるため、見えないところで確実に子どもへの虐待は増えているのは間違いない。

変容する「虐待の定義」

では、「虐待」といえば、どんな行為を思い浮かべるだろうか。子どもに対して「殴る」「蹴る」「激しく揺さぶる」「熱湯をかける」「溺れさせる」「逆さ吊《づ》りにする」「投げ飛ばす」「異物を飲ませる」「食事を与えない」「冬に外に出したままにしておく」「手足を縛って拘束する」「性器を触る」「性的行為を求める」……。

こうして言葉を羅列するだけでも胸が締めつけられるが、決してこのような暴力的な行為のみが「虐待」ではない。いまでは子どもの前で夫婦ゲンカをしても虐待になるということをご存じだろうか。

また、大声で注意したり、手を出さずに強く叱ったりしても虐待になる。子どもの前で裸になって歩いても虐待になるのだ。「しつけとして怒りました」「親子だから、娘の前で裸になってもいいだろう」という言い訳は通用しない時代だということを認識しなければならない。児童虐待は子どもに対しての最も重大な権利侵害なのだ。

子どもを持つ親だとしたら、事件にならないまでも、子どもの言動に対して思わずカッとなって怒鳴ったり、手を上げてしまったりした経験はないだろうか。おそらく、ほとんどの保護者は心当たりがあるはずである。

「父と母は、よくケンカをしていますが、それはどこの家庭でも一緒ではないのですか」などと述べる子どもは多い。保護者である両親に会ったときにも、「ケンカはします。ケンカくらいはするでしょ」と当たり前のように答える。

あとにくわしく述べるが、子どもの前ですると「心理的虐待（面前ＤＶ）」になると伝えると、初めてそれが虐待だったのかと理解を示し、大半のご両親は、もう子どもの前でケンカをしないようにすると約束する。その繰り返しだ。

「もしかして、これは虐待ではないか」という場面に遭遇した場合、全国共通の虐待対応ダイヤル「１８９」にかけると、自動的に居住地域の児童相談所につながる。通告や相談は匿名で行うこともできるし、その内容に関する秘密は守られるため、安心してかけることができるということを、ぜひ知っておいてほしい。

2023年4月1日に「こども家庭庁」が発足した。設置の背景には「少子化」「児童虐待」「こどもの貧困」がある。「こどもがまんなかの社会」を目指している日本だが、少子化が進んでおり、「人口動態統計」でも2023年の出生数は77万759人と過去最少を記録した。2017年に公表した「日本の将来推計人口」では出生数が80万人を下回るのは2033年と見込んでいたのだが、想定を10年以上も上回るペースで進んでいるということだ。

通勤途中や帰り道で幼い子どもが大声で泣いている家の前を通りかかったとき、「どうして泣いているのだろう?」と思ったことはないだろうか。また、電車に乗っているときやスーパーで買い物をしているとき、母親が子どもを怒鳴っている場面に遭遇したことはないだろうか。

そんなのは日常生活では当たり前の風景だと思わないでほしい。その状況が何日も続き、見過ごしたままにしていると、大事件に発展する可能性がある。連日のテレビや新聞報道で虐待に関するニュースが多くなったと感じている人は多いはずだ。実際にこれまで多くの少年事件を取材してきた経験においても、事件の背景には親からの「虐待」があったケースがほとんどだった。

「子どもへの虐待なんて、非常識な親がやることで、恵まれない家庭環境や特殊な家庭のなかだけの問題だろう」と捉えている人がほとんどだと思う。事例のなかには金銭的にも恵まれている「優良家族」も少なくない。父親が一流企業に勤めていて高学歴者だったり、大学教授だったり、政治家だったり、両親ともに医者だったり、学校の先生や有名人など親の職種も広範囲にわたっている。

メディアで報道されるほどの大事件は、あくまでも氷山の一角であり、隣の家でも「虐待」は起こりうることだということを、ぜひ認識してほしい。

なぜ、虐待事件の報道が急増しているのか

児童虐待は年々増加しており、児童相談所への「児童虐待相談対応件数」は2022年は21万9170件にのぼり、過去最多を記録。また、「子どもの貧困率」は2022年に厚生労働省が発表した国民生活基礎調査では11・5%で、ひとり親家庭の貧困率はさらに高く、44・5%となっている。虐待と貧困は必ずしも比例するとはかぎらないが、新型コロナウイルス禍の影響によって貧困家庭の増加に拍車をかけ、子育てにも影を落としてい

るのは間違いない。

いま、最も声を上げるべきことは、昨今の脳画像の研究によって体罰や暴言は子どもの脳の発達に形態異常、機能異常などの深刻な影響をおよぼすことがわかったということだ。親は「愛のムチ」のつもりだったとしても、子どもは目に見えない大きなダメージを受ける。その症状は健常児として生まれた場合でも虐待や体罰を受けることで脳の大事な部分に「傷」がつき、虐待によって従来の「発達障害」の基準に類似した症状を示すという研究が発表されている。

つまり、「不適切な養育」によって発達段階にある子どもの脳に大きなストレスを与えてしまい、実際に変形させていることが明らかになったのである。子どもの学習意欲の低下を招いたり、引きこもりになったり、大人になってからも精神疾患を引き起こしたりする可能性が大きいという。

「不適切な養育」とは「子どもの健全な発育を妨げる行為」のことであり、大人側が意図していないかにかかわらず、行為そのものが不適切であるかどうかだ。これには、しつけと称して怒鳴ったり、脅したり、暴言を吐いたりといった心理的な虐待も含まれる。

多くの保護者が自分は児童虐待と無関係だと思い込んでいても、日常的に不適切な接し方で子どもの脳を傷つけてしまっていることもあるということだ。

虐待の事件の報道は連日のようにされているにもかかわらず、その事件のみに焦点が当たってしまい、残念ながら虐待による子どもの脳への悪影響を報道している番組をほとんど見たことがない。

昨今、保護者が行う虐待だけではなく、近親者、仕事関係者からの性的虐待も問題になっている。長年にわたって未成年者に性的虐待が繰り返され、それがトラウマとなり、いまだに苦しんでいる人が多数いるのは報道にもあるとおりだ。

コロナ禍後の生活様式の変化によって子どもをとりまく環境も大きく変わりつつある。子育て最中の保護者はもちろん、子育ては終わったが、地域社会ではまだ子どもと接する機会がある人も、ぜひ本書で子どもをとりまく虐待の現状を知ってほしいと思う。

また、本書において取り上げられている具体的な事例は、すべて事実にもとづいているが、プライバシーの観点から一定の加工を行っていることをご了承いただきたい。

子どもを育てられない親たち

目次

第1章　虐待が起こりやすい家庭

第2章

目黒女児虐待事件

第3章

野田小4女児虐待事件

第4章

札幌2歳女児衰弱死事件

第6章 公的機関は何ができるのか

第7章 内側から見た児童相談所のリアル

第8章 虐待する親、虐待される子どもの脳

第9章 発達障害と虐待

第1章

虐待が起こりやすい家庭

10の家庭があれば、10とおりの虐待がある

「目が開けられない……そして顔に五つぐらいのあざ……上唇が切れている……」

ある日の午前中、児童相談所の職員が通告者と話しながら確認している。職員は冷静に対処しているが、声の端々に驚きと怒りが込み上げるのを抑えているのがわかる。

電話を終えると、すぐに職員は「子ども家庭支援センター」に連絡して当該家族がこれまでに相談歴があるかどうか問い合わせた。さらに、この子どもの所属先にも連絡したところ、10分ほどで折り返し連絡があり、家族の詳細が判明した。

「隣の方の部屋から幼い男の子の泣き声が聞こえる……。男性の怒鳴る声も聞こえる……。以前には下着一枚の姿でドアの前で泣いていたこともあった……」

別の電話で職員は話をしながら書き取っている。すぐに住所から家族状況を割り出して子ども家庭支援センターに連絡を取り、児童の特定を行う。

これらの例は決して大げさではなく、児童相談所には、まるでテレビの「緊急車両24時」のように、ひっきりなしに電話がかかってくる。まさに時間との闘いだ。

児童相談所に虐待の通告があった場合、それぞれ家庭の事情が異なるため、10の家庭があれば、10とおりの対応策を個別に作成しなければならない。少年院などに入所してくる非行少年たちのように一律に矯正教育を行うのとは違う。複雑にからみ合っている家族関係の糸を丁寧に解いていかなければ、一度分断されてしまった家庭は残念ながら、もとに戻ることはない。

ある日の夜、職員は虐待通告があった家庭へと向かう。児童の周辺調査は終わっており、あとは両親に会って事実確認と助言をするだけだ。自宅に訪問して話をすることになるのだが、不自然な点はないか、懸念は払拭されているかなどを調査、確認しなければならない。

幸いにも、周辺の事実調査は滞りなく運んだ。あとは直接話を聞いて、高学歴の両親が虐待について理解を示し、児童への養育について、あらためて考えてもらうことができるよう説明しなければならない。

家庭訪問では子どもの前では夫婦ゲンカをしない約束をさせ、これから受験を控えた子どもに対してスペースなどの居場所の確保を考えていってほしいと助言をした。その結果、「夫婦ゲンカは当たり前」という考え方について子どもが困っていることがわかり、お互いの関係性を見直したという。

親子関係にも不自然なところは見受けられず、子どもに寄り添うことができているという判断になった。まずはひと安心だが、虐待の可能性がゼロになったわけではない。今後も定期的な確認作業が必要だ。両親にとっては職員が家までやってくるのはもう懲りごりだろうから、子どもの前では夫婦ゲンカをしなくなることを望むしかない。

くわしくはあとの章で述べるが、児童虐待は子どもの心身の成長および人格形成に重大な影響をおよぼすことが証明されている。発育や発達の遅れ、情緒不安定、感情抑制ができず、他人とのコミュニケーションがうまく取れずに攻撃性を帯びてしまうなどの症状が表れることもある。

また、成長するにつれて自己嫌悪、自殺願望、アルコール依存、薬物依存、また、自分の子どもに対しても同じ虐待行為を引き継いでしまうことも多い。

そこで、虐待がいかに家族を分断し、子どもの心を傷つけ、追いつめてしまうか、その現状を知ってもらうため、いくつかの例を挙げてみたい。

なお、個人情報の保護のため、内容に関しては加工していることを了承いただきたい。

ケース① 感情をコントロールできない母親

「子どもをたたいてしまって、どうしたらいいかと悩んでいます」

悩みの相談が母親から直接「189」にかかってきた。じつは、このような悩みを抱えている母親はたくさんいる。ただし、みずから連絡することがなかなか難しいのが現状だ。

連絡を受けて至急、職員が自宅に向かったのだが、何を思ったのか、この母親は自分から連絡したにもかかわらず、家のなかに入れるのを拒否してきた。そのため、虐待を認めることはできず、グレーではあったが、幼稚園などに問い合わせ、児童を直接目視した。その結果、緊急性はないと確認ができたため、その場では子どもの一時保護はせず、調査を継続するという結果になった。

このようなケースでの調査は子どもの居住環境をはじめ、地域社会などの所属集団の状況など必要と思われる事項の調査を行うのだが、その調査の継続中に幼稚園側から「子どもの体に引っかき傷やあざがある」と連絡があったのだ。

あらためて母親に連絡したところ、最初に連絡したときに子どもを預かってもらえなかったという理由を主張し、相変わらず児童相談所との面会を拒否していた。調査継続となっていたのだが、児童相談所の職権によって一時保護をすることとなり、幼稚園からこの子どもを児童相談所に連れてくることになった。

その後、子どもの家庭復帰を目指してプログラムを進めていったのだが、なかなか両親の協力を得ることができず、長期化していった。

子どもは「お父さんもお母さんも怖い。お母さんはすごく怖い」と言って両親への安心感はない。そのため、安全な環境のもとで大人との信頼関係を築いていき、子どもらしさを取り戻し、安心した生活環境で親子関係の改善に取り組むということで、一時保護所から施設への入所となった。

この場合、親族などでこの子どもを支援できるかどうか模索したが、両親とも複雑な生育歴を持ち、親族とは疎遠であり、難しいとの判断だった。両親ともに子育てのロールモデルがないなか、子どもの情動を理解できず、叱責や暴力といった不適切な対応になっていたのである。

施設では親子関係を改善し、行動上の問題に対処することに焦点を当てた心理療法をすることになり、家庭復帰に向けて親子間の感情的な絆《きずな》の強化を図ることを行った。それも一度ではなく、1年ほどの時間をかけて何回も行うのだ。

当初は両親の参加を促していたのだが、父親が拒否したため、母親だけの参加になった。治療室内で養育者が子どもに直接「遊戯療法」と呼ばれる遊びを通して子どもの内的世界を表現させる心理療法を行うことになった。

セラピスト（治療者）がその姿を別室からモニター越しで見つめ、トランシーバーを用いて直接、養育者に子どもへの対応を指導し、養育者と子ども双方の行動変化を観察する。遠隔操作でセラピストが「一緒に積み木をやってください」と指示をしたら、母親は指示に従わなければならない。「よくできたので、子どもさんをほめてください」と言ったら、子どもをほめるといった交流をさせて、子どもへの接し方を学ばせるのだ。

この心理療法を実施するため、子どもを施設から児童相談所に連れてきて訓練を行った。たとえば子どもに「何をやりたい？」と聞いたりして積み木とブロックを親子で一緒にやってもらう。ひとつ実施するたびにお母さんに対して「よくできましたね」とほめる。そうすると母親は自信を持つのだ。

1セッションの長さは60～90分。それを15回で終了するが、途中で挫折する養育者もいることから、根気のいるセラピーともいえる。実施しているうちに親子関係の再構築が行われ、家に戻りたいという子どもの気持ちが芽生え、親も育て方を学び、育てがいを感じたいという気持ちが芽生えてくる。

この母親のように、子どもの教育方法がわからないという母親は多い。母親が子どもに対して「よくできたね」「すごいね」ということが言えるようになってくると、父親がその様子を見に来るようになった。子どもからすると、母がいつも家にいたときとは違ってコミュニケーションが取れているので、家と違った様子に好印象を持つようになっていく。

家庭復帰に向けた交流を続けているうちに、この母親は幼少期に自分の母親から虐待を受けていたことが判明した。コンプレックスの裏返しで、自分をよく見せたい、高く見せたいという欲求が強いのも日常会話から見て取れた。両親が離婚したあとは父親に育てられたのだが、その父親にも途中で投げ出されたという経験があり、虐待の連鎖が見られたのである。

また、子どもがADHD（注意欠如・多動症）だったことで、母親は育てがいがないと切り捨ててしまったことも虐待の原因だった。

子どもは施設でも落ち着きがなく、夜眠れなかったり、職員に攻撃したりなどが見られたので、ADHDの薬を服薬し、どうにか抑えていた。不眠や落ち着きのない行動は変わらなかったが、親子関係は改善が図られているという判断で、この子どもが小学校に上がるタイミングで、ついに家庭復帰をさせたのだ。

その後、職員が定期的にこの親子のフォローをしていた。小学校まで事後面談のため、会いに行く。

そこで「どう？　最近はお母さん、お父さんと、うまくやってますか？」と尋ねたところ、いっさい返事をせずに黙ってしまったのだ。その反応が気になったので、あらためて周辺調査を行ったところ、家に戻ってしばらくして、また母親からの暴力が始まったと情報提供があった。暴力が再開したきっかけは、両親の離婚の話し合いと同じタイミングだった。

そのため、再び一時保護所で預かることになった。職員が子どもに対して今後のことを尋ねると、「また暴力があったから、お母さんではなく、お父さんについていきたい」とこぼした。しかし、父親は夜が遅い仕事をしているため、家にいて子どもの面倒を見ることはできない。それが恒常化すると、育児放棄の危険性も出てくる。

「お前は、これからは、おりこうさんにならなきゃいけないんだぞ」

面談の際、父親は子どもの前でそう言った。

「お父さん、そしたら僕は施設に帰るよ」

小学校1年生の子どもはそう言った。

家庭復帰に関しては時期尚早で難しいと判断していたのだが、この子どもの心中を察すると胸がよじれた。こんな思いを子どもにさせてはならない。

いつの日か、この子どもが親の愛着を感じることができるようになればと、心から願っている。

ケース②「子どもを殺してしまうかもしれない」

「自分は赤ちゃんを殺してしまうかもしれない」

ある30代の母親から児童相談所に直接連絡があった。

そこで職員が急いで現場に行き、その場で話を聞いた結果、子どもはすぐに保護されたのだが、生まれて数カ月しかたっていないこともあり、そのまま乳児院への入所ということになった。

この女性は日本人だが、夫は外国人だった。その後の面談で母親から話を聞いたところ、夫は言葉や文化の壁もあり、苦しんでいる妻の悩みを理解することができず、子育てを家族間の重大な問題として捉えていなかったことが判明した。

母親は生まれたばかりの自分の子どもを「このまま床に落としてしまったら、死んじゃうかな」と思ったことがあったと告白した。母親の異変に父親が気づいて大事にいたらなかったのだが、万が一、気づかなかったら大事件になっていたのは間違いない。

夫との面談の結果、言葉の問題があるとはいえ、妻の苦しみを共有して一緒に子育てを頑張ろうという姿勢が少ないと感じられた。妻がひとりでずっと苦しみ続けていた結果が子どもへの虐待だったのである。

職員が母親に話を聞いていくと、幼少時に自分の父親から性的虐待を受けていた経験があったことが判明した。その後、精神科に通院中にＰＴＳＤ（心的外傷後ストレス障害）との診断があり、解離や摂食障害もあることがわかった。しかし、精神的なトラウマを乗り越え、無事に結婚して妊娠し、子どもを授かった。

ところが、当時の被虐待の記憶がよみがえり、自分の子どもをかわいいと思うことができず、このままだと、いつか殺してしまうのではないかと不安が頭をよぎっていたと告白した。

この母親には「家族とはいったい何か」ということから話をしていかなければならなかった。赤ちゃんに関しては乳児院で生活しているため、慣れるまでは何回も面会を行わなければならない。少しずつ慣れてきたところで外泊によって自宅で一緒に生活することを行い、外出、外泊を繰り返す。母親に対しては時間をかけて家庭での生活を具体的にイメージさせるということを行っていった。

同時に日常生活において困ったことや心配ごとなどがないかを尋ね、悩みごとがある場合は一緒に考えていきましょうと支援する。そこから家庭復帰へのスケジュールがようやく進んでいくのである。

この母親は当初、面談のたびに、「きちんと育てていけるかどうかわからない、自信がない」と話していた。しかし、両親とも徐々に子どもに会いたいという気持ちが芽生え、早く一緒に住みたいという気持ちが生まれてきて、最終的には一緒に生活できるという判断が下され、約1年半後、ようやく家庭復帰が実現したのだ。

虐待で分離してしまった親子関係に対して少しずつ距離を埋めていき、無事に家庭復帰までたどり着く。しかし、たどり着いたとしても、また家庭で同じような虐待が行われてしまうのではないかという不安は、つねにつきまとう。

そのため、復帰後も定期的に職員が自宅を訪問し、家のなかのチェックや親子の面談を行う。保護者が薬物などで逮捕された場合には釈放されてもまた同じことを繰り返すケースが多いため、しばらくは慎重に推移を見守らなければならないのである。

似たようなケースとして、20歳で結婚し、すぐに初めての子どもを授かり、無事に出産したのだが、「育てる自信がない。赤ん坊が泣いていると首を絞めてしまう可能性がある」と、みずから通報してきたため、虐待と判断され、子どもはすぐに乳児院に入所することになった。

その後、母親との面談を繰り返し、同時に支援を行っていったこともあり、子どもが1歳になったことで、家庭復帰は可能であるという判断が下された。ここまでは前述のケースと同じなのだが、子どもを家に連れて帰る途中、車のなかで泣かれてしまい、どうすることもできずに、結局は乳児院に逆戻り、再入所ということになってしまった例もある。

どんなに時間をかけても、それが一瞬で崩壊してしまう。家庭復帰を実現させるのは長くて遠い道のりだということを理解してもらえる例ではないだろうか。

ケース③　しつけには体罰が必要と考える父親

子どもが４人いる30代夫婦のケースだ。

夫は飲食店を経営していたのだが、コロナ禍の影響で客足が遠のき、閉店せざるをえなくなってしまった。そんななか、妻が４人目を妊娠。出産のための病院が遠方に決まったこともあり、夫も付き添いで一緒に家を離れることになった。近くには頼るべき親族、知人もいないため、３人の子どもの一時保護などについて相談したいということで、夫から「１８９」に連絡があった。

児童相談所の職員は「子どもを預けてから入院、出産するように」と助言指導を行っていたのだが、この母親は入院せず、自宅付近の路上で破水し、自宅に戻って出産してしまう。

その後、すぐに病院に運ばれたため、母子ともに無事だった。しかし、母親が退院しても、新生児はしばらく乳児院に入れることが適切だろうという判断になった。父親からは一時保護をしていた３人の子どもたちは引き取りたいと要望があったので、３人を家庭に戻すことにした。

職員が家庭訪問を行ってみると、両親ともに養育能力がかなり低いことが判明した。父親は店の倒産後、就労意欲が低くなり、精神的な問題も加わって、家族のために働く気がなくなってしまっていて、昼まで寝ている状態。母親はそんな夫と争うこともせずにいる状態だった。

その後、上から2番目の子どもが発育不良であるとの情報提供が病院から行政側にあり、また、子どもに予防接種を受けさせないなど養育を軽んじるネグレクトの要素があるとの通告があったのだ。

調べていくと、父親だけではなく、母親の養育能力にも疑問があり、子どもたちを家に残したまま長時間外出するなどネグレクトの兆候がますますひどくなっていたことが判明した。

この家庭には、これまでも家庭訪問で子どもたちへの安定した生活を最優先するように助言するなど生活支援のアドバイスを行っていた。

それから数カ月たったある日、母親が外出先から帰宅すると、いちばん上の子どもの顔の左側が目を中心に大きく腫れていることに気づいた。夫に問いただしたところ、「机の角にぶつけた」と説明し、子どもも何も言わなかったため、すぐに病院に連れていくことはしなかった。

数日たっても傷が治らなかったため、両親で病院に連れていくと、医師は父親の言い分を否定。父親が診察室にいなかったとき、子どもは医師の前で「父親に殴られた」と言ったのである。しかし、この父親は暴行を否定し、医者に対して「うちは、たたいてしつけているから!」と言い訳をしたのだ。

また、この家庭では子どもたちに十分な食事を与えておらず、父親が子どもを殴り飛ばす姿が近所の住民に目撃されていたことが明らかになったのである。

身体的虐待もあり、ネグレクトの傾向が強いため、子どもへの暴力とケガの現認をきっかけに、子どもたちは施設入所がふさわしいと判断された。

そこで、あらためて両親には子どもの成長の支援と同時に健康な生活を回復することの重要性を伝え、家庭復帰ができる環境が整うまでは児童福祉施設に入所させるということを説明。両親も児童相談所の説得に応じて3人の子どもの入所に同意したのだ。

施設では家庭復帰の可能性を探りつつ、夏と年末年始には一時帰宅を認めていた。しかし、子どもたちが帰省しているときも父親は暴力を振るい、子どもたちが父親を怖がって精神的に不安定になる状態が続いた。そのため、児童相談所としても家庭復帰は認めず、当面は帰省も認めないとの方針を父母に伝えた。それでも父親は体罰肯定の価値観を変えず、「今後は3人を切り捨てる」とまで言い放ったのだ。

その後、不仲が続いていた両親は離婚することになり、母親が4人の親権を得た。父親は入所措置の継続には同意していたが、相変わらず、子どもを育てるには体罰が必要だという考え方に変化はなかった。昔はそういった考え方の家庭は多かったし、この父親はそうやって育てられてきたのだろうと思っていたのだが、調べていくと、それだけではなく、精神科への通院歴があったのである。

結果的に虐待や恐怖体験は子どもの将来に悪影響をおよぼす。子どもたちへの面談、検査を行ったところ、意欲の低下などは見られないが、苦手な問題については、すぐにあきらめてしまったり、再び同じ質問をすると答えられなくなったりと、自信のなさもうかがえた。精神的に安定することはなく、つねに落ち着きのない状態が続いていた。

また、母親への面談を行ったところ、生まれた子どもに対して、母乳が出なくなったと早めに授乳をやめており、離乳食の段階を経ずにいきなり大人の食べものを与えていたことも判明した。

職員はこれも虐待にあたると判断し、乳児院に預けることをすすめたところ、「自分も保護された経験があり、施設にも入ったりしていたので、子どものためには、そのほうがいい」と冷静に言った。父親に比べて母親は容易に乳児院への保護を承諾したのである。

この家庭には以前から金銭的に問題があり、公共料金も払えず、電気やガスを止められることが何度もあったことも判明。一時保護をしたころは食べものにもこと欠く状態で、子どもたちは雨天や炎天の下でも外で放置されていて、近所からは身体的虐待も目撃されていた。

暴力でしつけをするという父親は子どもたちが幼いころから殴っていて、母親もケガをしていても子どもたちをすぐに病院には連れていかなかった。それが恒常化していたのである。

結局、いちばん上の兄が中学校に入学するのをきっかけに、ひと足先に家庭復帰したのだが、次男と3男は施設生活を継続したままだった。しかし、兄が家庭復帰した影響もあり、弟たちは施設で暴れる回数が増えていき、登校拒否になってしまう。

また、施設で気に入らないことがあると暴れ、ものを壊して回る。職員の指示にも耳を貸さなくなり、暴れたあとには自分がしたことを「覚えていない」と言う。忘れものが多く、片づけもできないことで、日常の支援が必要で、病院からはＡＤＨＤと診断された。通院して服薬はしているが、症状はなかなか治まらないという。

一方、家に戻った長男は不登校となってしまい、自分の部屋にこもって、日々ゲームをしている状態だ。職員は引き続き支援を行っているが、いかに養育環境が子どもの成長にとって大事かがわかる事例だ。

最悪のケースを招かないよう支援を続けていくのだが、限界もある。身内や親族とのつきあいがなく、金銭的な問題も抱えている家族の場合、このように孤立してしまうケースも多いのだ。

ケース④　子どもを優劣によって差別する母親

進学校に通う、ある兄弟の話だ。

ある日、「母親から虐待を受けているようだ」と学校から児童相談所に通報があった。

児童は自殺も辞さない状況だとの報告があったので、30分以内に急いで職員が学校に駆けつけた。

そこで本人と面談し、なぜ児童相談所の職員が学校まで来ているのか理由を伝え、これからは安全で安心して生活できるよう一緒に考えていこうという旨を伝えた。

子どもは説明に真摯に耳を傾け、「家には戻りたくない。また（母から）いろいろ言われる」と、いまの環境から逃げ出したいことを話し出した。

それから職員は、なぜ自殺をしようと思ったかなど、いまの気持ちを慎重に聞いていくと、表情も少しずつ柔らかくなり、徐々に落ち着いてきた。ただし、自分が家に帰らなければ、今度は兄に被害がおよんでしまうかもしれないので困るという心配を口にした。弟は自分を傷つける親がいる家には、もう帰りたくないとの意思を示したため、職員と一緒に学校から児童相談所に連れていき、一時保護となった。

虐待については兄からも状況を聞く必要があると判断したため、兄が通う中学校にも連絡を取り、話を聞かせてもらうことになった。

そこで本人の考えや虐待を受けていないかについて面談を行ったところ、予想に反して、「自分は成績もいいし、母親からの虐待は受けていない」と言ったのだ。さらに、「自分は大丈夫だから、このまま自宅に帰りたい」と言ったため、兄は一時保護することなく、そのまま自宅に戻すという結論になった。

通常、保護者に虐待の問題があった場合、兄弟であれば一緒に受理するというケースが多いが、この兄弟の場合、ひとりは一時保護になり、もうひとりは自宅に戻すという結論になったのである。

その後の調査の結果、母親は学校の成績を兄弟で比べていて、成績が悪いほうを叱りつけ、それがだんだんエスカレートしていき、著しく差別的な扱いをして心理的虐待につながったということが判明した。きょうだいがいる場合は、保護者はその優劣をつけ、劣っているほうを虐待するというケースも目につく。

最近、「教育虐待」という言葉を目にする機会が増えた。親が子どもの耐えうる限界を超えて勉強を押しつけることだ。また暴力をともなうという点では、2006年に起こった「奈良自宅放火母子3人殺人事件」がまさに当てはまる例である。親が子どもに対して教育熱心であることは間違っていることではない。ただし、心身が耐えられる限界を超えて勉強を強制することは明らかに虐待にあたる。

実際には、その境界線があいまいなため、表面化しづらい。しかし、そういった虐待を受け続けると、成人後もトラウマなどの深刻な影響に悩まされるケースも多い。

また、教育虐待には「教育ネグレクト」も含まれており、子どもが学校に行きたいのに登校させなかったり、家でも教育を行わなかったりといったケースがそれに当てはまる。親が自覚しないまま子どもの心身を傷つけているケースが増えていることに気づくべきだろう。

教育の一環だからと思い込んで範囲を逸脱してしまうと、児童相談所への通告によって一瞬にして家族が分離、分断されてしまうのだ。分断は一瞬だが、再びもとのように結合させるには時間を要する。

このケースでは、きょうだいの弟が母からの虐待を話して自殺未遂までしたのに対し、兄への虐待はない。明らかに弟に対してのみの教育虐待である。一時保護中の弟は保護施設から学校に通っているが、親が考えを改めないかぎり、家庭復帰が困難なケースの一例だ。

ケース⑤　逮捕されて養育不能となった母親

あるシングルマザー、40代の母親の例だ。

この母親には離婚歴があり、1回目の結婚の際に生まれた二人の女児と、2回目の結婚で生まれた女児がひとり、計3人の子どもと一緒に生活していた。しかし、母親はある犯罪を行って逮捕、起訴されてしまったのである。

その際、警察から児童相談所に対して子どもが自宅にいるという通報があった。つまり、逮捕によって面倒を見る保護者がいなくなってしまったということだ。そのため、高校生ひとり、中学生ひとり、そしてわずか1歳の乳児の3人が施設に預けられることになった。長女はすでに高校生であり、次女も高校受験で大事な時期だったこともあり、上の二人は早めに家庭復帰させることになった。しかし、いちばん下の女児は、まだ1歳だったこともあって、乳児院に入所させることが最も望ましいと判断された。

1歳の女児も最終的には家庭復帰させるのが理想であるが、しばらくは乳児院で生活させなければならない。その後、母親は執行猶予となり、時間を置いて母親に面会させることになった。

久しぶりに母親と対面した女児は母親を見た瞬間、怖がってしまい、泣き出した。まだ言葉は話せないが、態度でもう会いたくないと拒否したのである。これは無理もないことだろう。乳児院で育てられていたということもあり、突然、母親と会ったところで、「母親」とはいったいどういう存在なのかもわからない。怖がって拒絶してしまうのは当然だった。

その後も母親から面会の要望が強かったため、タイミングを見て母子を会わせたところ、女児は再びワーワー泣き出してしまい、そこでも拒否してしまった。

それでも児童相談所は根気強く家庭復帰に向けて何度か面会のセッティングを行った。母親に対しても時間をかけて生活支援を行った。そこでタイミングを見て女児に会わせていったのだが、しばらく続けていると、女児は母親に会っても泣くこともなくなり、施設のなかでは会えるようになっていった。

次の段階では女児をいったん自宅に戻し、外泊させることを行うのだが、ここがひとつの壁になる。

家庭復帰に向けて順調に終わってほしいという願いがあったのだが、案の定、外泊で家に戻しているときに職員が家庭訪問を行ったところ、女児は施設にいるときとはまったく違う顔になっていて、職員に対して緊張でこわばった表情を浮かべ、直立不動で立ったまま、身動きひとつせず、笑顔も見せず、ひと言も話さない状況だったのだ。

その姿を見て、さすがにこのまま家庭に復帰させるのは難しいと判断せざるをえなかった。

母親はその後も女児の家庭復帰を望んでいたこともあって、頻繁に施設で会ってもらい、母子の交流を深めていった。しかし、この母親は職員に対して、「勝手に子どもを児童相談所が連れていったにもかかわらず、家庭復帰させないとはどういうこと？　あなたたちはひどい！」と罵倒してくる。感情的に叫ぶ母親に対して、職員としては、なだめるしか方法はない。

「もう、あなたなんて帰ってこなくていい！　もう私は帰るよ！」と子どもに対しても八つ当たりをして怒鳴るため、子どもはただ大声で泣き叫ぶだけだ。職員は「お母さん、そういうことは言ってはいけないんですよ」と、やさしく諭すように言うしかない。

それから約半年が経過し、施設での面会を何回も繰り返した結果、ようやく女児も慣れてきたようで、母親との交流もうまくいき始めた。そして、ついに女児から「ママ」という言葉を聞くことができるようになった。また、時折、「ママがいないと寂しい」という言葉も母親に対して発するようになり、二人の姉たちとの交流も始まり、家族が再びうまく回り始めた。

こうして、この女児は約2年が経過して、ようやく家族というものが理解できるようになり、母親との面会にも慣れてきた。すぐに自宅に戻せば、保護者にとっては都合がいいかもしれないが、子どもの心の傷は深く、不安が大きい。忍耐強く、時間をかけ、職員立ち会いによる母子面談、関係各位との会議が繰り返され、家庭復帰の時期を慎重に判断しなければならないのである。

ケース⑥　職員とも会話ができない〝毒親〟

幼児期に虐待を受けた場合、子どもたちの心にとても大きな影響を与える。甘えたい思いと虐待を受けたショックで感情のバランスが取れず、心に深い傷を負ってしまうケースが多い。

中学生と小学生二人の3人きょうだいを子どもに持つ母親が日ごろから子どもが勉強し

ないため、足蹴りをしたということで通報があったケースだ。

この家族には父親はいるのだが、この時点で夫婦はすでに別居していた。足蹴りをして虐待をしていた母親は、その後の話で、子どもたちがどういう生活をしているのか、四六時中、まるでペットを監視するように監視カメラを部屋につけて見張っていたことが判明した。

そのことから、つねに親子間のケンカが絶えず、母親が殴る蹴るなどの暴行をはたらいて逮捕されたのだが、この母親は日常的に子どもたちに対して首を絞めたりするなど身体的虐待を繰り返していたことが明らかになった。

この事件を聞いて、なぜ母親がそこまで子どもを監視したり、虐待したりするのかと疑問に思うだろう。子どもは成長期に入れば、体格も大きくなってくる。暴力で返すことを奨励するわけではないが、反抗することだってできたのではないかという疑問も生じる。

ところが、幼いころから虐待を日常的に受けていると、まるで洗脳されたかのように、それが普通のことだと認識してしまい、反抗できない関係になってしまうのだ。

いちばん下の子はゲームばかりやっているため、取り上げれば勉強するだろうと思い、強引に取り上げたことがきっかけで親子の争いになった。ゲーム機を取り上げるという行為は、つねに虐待やキレる子どもが生まれるきっかけとなる場合が多い。

この母親は20歳でひとり目の子どもを出産している。その後、夫との関係や子育てがうまくいかず、感情をコントロールできないという性格もあり、思いどおりにならないことがあると虐待を繰り返していたことがわかった。子どもの学校の行事や集まりなどがあると、自分はどう見られているのかをいつも気にする母親で、自分中心で、子どものことをまったく考えていなかった。

しかし、そんな毒親であっても、面談の際に子どもたちに話を聞くと、「お母さんに甘えたい」と言っていた。子どもたちにとっては虐待を受けていたにもかかわらず、母親を独占したいという気持ちがずっと残っていた。

母親の話では、子どもが多いため、ひとりの子だけに面倒がかかると、ほかのきょうだいの機嫌が悪くなり、まるでライバルのようになってしまうことが多く、母親としてそこが苦しかったと言った。

それでも、母親は子どもたち全員に対して平等に接しようと努力したのだが、そのうち勉強ができるひとりだけを甘やかして大事にし、その他の子どもには「勉強しないから、いつまでたってもダメなんだ！」と言って怒鳴り、人格を否定し、排除するような言動を浴びせ続け、ついに手を出してしまったのである。

職員に対しては、「自分は大切だけど、もちろん子どもも大切です」と言うのだが、深く話を聞いてみると辻褄《つじつま》が合わない話も多く、精神的に病んでいる言動も多々見られたことから、その後、心身のケアをカウンセリングを優先的に進めていくことになった。

ところが、気に食わないことを職員に言われたりすると、「スタッフを替えてほしい。自分の好きな職員とだけ話をしたい。その人以外とはしゃべりません」と言い、自分にとって都合のいいことを言ってくれる人しか対応しなくなっていった。

こういった行動から見ても、母親としての自覚がなく、子どもを育てるのではなく、ただ言うことを聞かせるだけの所有物としか見ていない。子どもたちは父親が家にいないため、母親に言いたいことがたくさんあるのだが、これまで耳を傾けることをいっさいしてこなかったのである。

職員は、いちばん上の子と面談をするため、通っている学校に行って話を聞いた。そのことは母親には秘密にしていたのだが、あるとき、子どもがポロッと母親に言ってしまったのだ。すると母親から怒りの電話が児童相談所にかかってきて、「私に秘密で勝手に子どもに会っていたのか」と噛《か》みついてきた。

夫とは別居中であるため、職員も会うことはできない。確認事項があるたびに職員が連絡するものの、一度もつながったことはなかったのだが、ある日突然、「もう家には帰りませんから」と一方的な連絡があった。

そういった経緯もあり、母親と子どもたちとの面会交流を開始し、何回も面談を重ねていった。その結果、母親は「殴ったり蹴ったりしてごめんなさい」と子どもに直接謝罪をするまでになった。

施設に入所してから2年がたち、子どもはすでに中学生二人と小学校高学年になった。一時保護中の費用は公費だが、施設などに入所した子どもに対しては費用負担がある。金額は保護者の前年度の所得で決まるのだが、預け先での食費や教育費などの措置費用は保護者が生活保護受給者である場合以外は、所得に応じて児童相談所が徴収することになっている。

この母親のケースでは離婚が成立していないことに加え、別居中とはいえ、夫が仕事をしており、収入もあったため、費用負担をし続けなければならない。それを知った子どもが、お金がかかるのなら、もう家に帰りたいと言い出した。

検討を重ねた結果、二人を家庭に戻すことになった。しかし、それは前向きな判断ではなく、施設での適応不調があり、収容を拒否されたというのが事実だ。

施設内で危険行為があると、これまでに起こったような少年による凶悪事件に発展する可能性がある。親が子どもに身体的虐待を行っていた場合などは被虐待体験として心に刻まれているため、みずからナイフを持ち出したり、他人に暴力を振るったりなどの行為に発展してしまうケースもある。施設でもしっかり注意する人がいなければ、取り返しのつかない凶悪事件に発展してしまう可能性がある。

子どもと面談を続けていくと、「あんな母親だけれども、やはりお母さんとして独占したい」という強い気持ちと同時に、「もう一回、逮捕されればいい。そうすれば、自分たちの家族はうまくいくんじゃないかって思う」と相反する複雑な思いを抱えていることが明らかになった。

こういった親子の感情の平行線状態が続くと、家庭復帰をさせて一緒に暮らしても、何かが引き金となって虐待が再発してしまい、再通告されてしまうケースが多い。

そうなると、「再発防止のためには家庭復帰ではなく、里親のところに行かせたほうがいいのではないか」という声も大きくなっていく。しかし、たとえ里親が決まったとしても、親子関係は一生切れることはない。どちらが子どもの将来にとっていいのか判断が難しいのが現実だ。

ケース⑦　発達障害を抱える親子

発達障害などを抱える子ども、または保護者が抱えている虐待事件のケースを挙げてみたい。

ある夫婦のケースだが、子どもが3人いて、3人ともADHDの障害を抱えており、それぞれ「療育手帳」を持っている。療育手帳とは、知的障害があると判定された場合に交付される手帳である。学校には行っているが、それぞれ特別支援クラスに所属していた家の話だ。

子どもが父親に虐待されているということで児童相談所に連絡があり、子どもたちは一時保護されることになった。虐待は父親だけで、母親は虐待を行っていなかった。

その後、この夫婦に離婚が成立したことによって虐待の危機はなくなったことで、いちばん下の子だけは、まだ幼いからという理由で母親のもとに戻り、障害を抱えている上の二人の子どもは施設に預けられたままだった。

兄弟で同じ施設で生活していたのだが、長男は早期に家庭に戻ることができた。次男は中学校3年生で特別支援学級に所属していたのだが、転校しなければならない状況になったため、住民票を移し、その地域の学区内にある特別支援教室に転入を依頼することになった。

次男は児童精神科に通っており、ADHDの症状を抑える薬を服用していた。転校に関しては職員が事前に学校側に根回しをしておいたことで無事に許可が下り、あとは家族が書類を提出するだけの状態になっていた。

ところが、次男は施設でものを壊したり、壁を壊したりするなどの破壊行為をしてしまい、施設からこれ以上、養育の支援を続けるのは困難と判断されてしまった。また、担当の精神科医からも施設ではなく家に帰したほうがいいのではないかという助言もあって、最終的には家庭復帰となったのである。

しかし、その後、半年間、次男は一度も転校先の学校には行かず、ずっと家にいてゲームをし続けるだけの毎日になってしまう。施設にいたときは、きちんと学校に通っていたのだが、家では誰もケアできる人がいないため、より堕落した生活になってしまったのである。

母親に「次男にはどういった話をしたのか」と尋ねると、転校の手続きがされていなかったことを理由に学校に行くことを拒否されたとのことだった。

次男は何かいやなことがあったらすぐにカッとなる性格だというのはわかっていたため、アンガーマネジメントを学ばせ、部屋の壁には自分のダメなところを書き出し、そういうときはどうすればいいかという対処法も書いて貼っていた。自分でも現状をどうにかしたいと考え、努力はしているのだが、病気のせいもあって、なかなか実行できない。

その後、学校側が午前中だけでも登校すればいいという対応策を考えてくれたため、ようやく通学するようになった。しかし、今度は別の問題が起こった。ある日、学校で同級生に悪口を言われたので、家に戻ってから母親と対処法に関して話し合っていたときだ。

「自分は障害者だから、言われてもしかたないんだ」と次男が言ったところ、母親に「障害者でもやっていいことと悪いことがあるでしょ」と逆に諭されたことでカッとなり、家のなかのガラスをたたき割ってしまい、手にもケガを負って救急車で緊急搬送されてしまう。

ようやく時間をかけて通学ができる精神状態になったのだが、この事件をきっかけに再び登校拒否になってしまった。

この母親はシングルマザーとして働くことはできており、生活保護も受けていて、経済面での支障はなかった。ところが、子どもが家のなかで暴れたり、警察沙汰になったりしていくうちに体調も悪くなり、体もやせていくという悪循環に陥ってしまったのだ。

この次男の場合、アンガーマネジメントを施したり、薬を飲んでいたりしても、症状は完全には治まることはない。児童相談所の関係職員は会議を開き、この家族に対して、どのように支援していけばいいか、外部の関係機関とも会議を重ねた結果、施設に再入所することになったのである。医学的なケアも含め、長期的な支援が必要な家族の例である。

ケース⑧　国際結婚の影響を受ける子どもたち

昨今、国際結婚が多くなっており、子どもの国籍の問題もあるため、虐待事件が起こった場合は解決が難しく、複雑になるケースが多い。

母親が日本人で夫が外国人の夫婦のケースがあった。夫は日本語がほとんど話せない。

この夫婦には二人の子どもがいるのだが、上の子は父親と一緒に母国に戻ってしまい、別居状態にあり、残された子どもひとりと母親は一緒に日本で生活していた。

あるとき、子どもが癇癪《かんしゃく》を起こし、それが引き金となって、母親がパニックを起こしてしまう。すると、子どもの目の前で衝動的にリストカットをしてしまった。そして、「もう子どもの面倒は見ることはできない。どこかに預けたい！」と、みずから通報してきたのである。

この母親は精神状態が不安定で入院歴もあり、オーバードーズで自殺未遂を起こしていたことも判明した。そのため、子どもを一時保護することになった。

しかし、その子どもは発達障害を抱えていて、面談のため児童相談所に来たとき、ひとりで机の下に入ってしまい、ずっと出てこないという状況だった。日本語はまったく話せなかったので、別の言語で語りかけたところ、ようやく話し始めた。そこで面談を行った結果、児童精神科に入院することになった。

一方、自殺未遂をした母親は幸いにして大事にいたらず、一命を取りとめた。外国にいる父親にも連絡したのだが、日本にはしばらく戻ってこず、もう実質的に離婚状態にあるということで、別居中はお互いに干渉しないという約束をしたから関係ないと伝えてきた。

その後、夫婦のあいだに離婚が成立し、母親についていた子どもは父が暮らす海外に旅立っていった。身体的な虐待はなくても、子どもの面前で自殺を図るところを見せるというのも虐待にあたる。この母親は運よく大事にはいたらず、順調に回復したのだが、親権は父親が持つことになった。

子どもは将来的に国籍を選択しなければならない。虐待によって親が離婚した場合、国籍の選択にも影響をおよぼすことになる。国際結婚で子どもへの虐待があった場合、文化の違いもあり、最終的にそのしわ寄せは子どもに返ってくるのだ。

父親が日本人で母親が他国の出身だったケースもある。夫婦ともに高学歴で、まだ20代だったが、子ども家庭センターから児童相談所にネグレクトの疑いありということで援助要請があった。

この夫婦の子どもは生まれて7カ月の乳児だった。これまでに数回、体の広範囲にわたって発疹《ほっしん》ができて病院に入院した経験があるとのことだった。病院で完治したため、家に戻ったのだが、またすぐに肌の状態が悪化してしまうとのことで、家庭での衛生環境が悪く、風呂にも入れず、寝かせきりにしているために肌が荒れてしまう。調査の結果ネグレクトの疑いが強くなった。

医師は父親に治療についての指導をするのだが、乳児に改善の兆しはなく、いっこうによくならなかった。そのため、父親に対して「家の環境改善が確認できないと、もう家には戻れない」と伝えたという。父親は「妻と相談して連絡する」とのことだったが、その後、病院が問い合わせても、折り返しの連絡が2週間以上なかったのである。

母親は一度も病院に来たことがなく、子どもをベッドに寝かせて乳児に哺乳瓶をくわえさせ、飲み終わったら回収するという飲ませ方をしていたことも明らかになった。頼んでいるベビーシッターが乳児を抱き抱えてミルクを飲ませようとすると、母親は「床に置いて飲ませてほしい」と指示をする。また、子どもより飼っているペットのほうをかわいがる傾向も見られたという。

乳児は誤嚥《ごえん》性《せい》肺炎、口腔《こうくう》カンジダ、全身に発疹、びらんによって浸出液が漏れている状態で、家のなかを不衛生にしていることが原因だった。医師は「親としての責任を果たしていないこの状況はネグレクトである」と判断し、連絡を受けた児童相談所は一時保護の措置を取った。

当初、両親との面談では「自分たちは子どもを育てない。母親の国の祖父母に預けるという話になっていた」と言っていたが、当時はコロナ禍の真っ最中で、その計画も不可能になってしまった。

そこで家庭復帰に向けて親子の定期的な面会と具体的な交流を重ねていった。結果は良好で、乳児は途中から両親になつくようになり、甘える姿も見られるようになった。そして入所から2年弱が経過し、子どもが2歳を超えたころ、無事に家庭復帰となったのである。

もし母親の国に住む祖父母に預けるといって国外に帰してしまっていたら、親子の交流はなく、子どもは両親の愛情を知ることなく成長していっただろう。

また、両親が二人とも外国籍の場合もある。国によっては政治的な問題で母国に帰れないケースもある。国の情勢が不安定な場合には子どもが無国籍のままということもあり得るのだ。

母親は20代で、技能実習生として来日した。日本で同じ国の男性と知り合い、妊娠が発覚する。その後は仕事をやめ、未婚のまま男児を出産した。ところが、父親は妻子を置いて母国に戻ってしまったのである。ひとり日本に残った母親は養育準備が整っていないこともあってネグレクトの通告があり、子どもは児童相談所に一時保護されたのだ。子どもは乳児院への入所を経て児童養護施設に入所した。母親は同胞の女性宅に身を寄せ、生活は母国からの送金に頼っていた。

母国に帰ってしまった夫からは子どもの認知をされていない。そのため、子どもは無国籍のままになっているのだ。母親は難民申請をして「特定活動ビザ」という在留資格を得ることができて社会保障が受けられるようになったが、母国の社会情勢が不安定であるため、帰国することもできず、子どもはずっと無国籍状態が続いている。このように、行政だけでは解決できない問題も横たわっているのである。

ケース⑨　予期せぬ妊娠によって育児放棄する母親

「特定妊婦」という言葉をご存じだろうか。

予期せぬ妊娠や貧困、若年妊娠などの理由で子育てが難しいことが予想されるため、出産前から支援が必要とされる妊婦のことだ。このケースでは、申し出があれば特定妊婦に指定されたはずだが、事情によって、誰にも相談せずに出産までにいたり、そのあとになって児童相談所がかかわったケースだ。

この母親は電車のホームで突然具合が悪くなり、その場で倒れたため、病院に緊急搬送された。そのまま入院することになったのだが、通報されたときには所持金が1000円くらいしかなかった。不衛生で、下股から浸出液が漏れていてもタオルで包んでいるだけだったため、傷口から菌が入り、その浸出液が出てしまい、悪臭がしていたという。

すぐに治療を受けられたこともあって、2日後に無事に出産したのだが、それまで産婦人科は未受診で、妊婦検診もしたことがなく、母子手帳も持っていなかった。このケースは通常なら特定妊婦にあたるのだが、行政側は誰も知らなかったため、その後、児童相談所が入って支援が行われることになった。

児童相談所は、この母親は子どもを育てることができない、養育困難という判断を下し、母親に対して子どもを乳児院に預けるという話をしたのだが、その提案をいっさい無視し、預けたくないと、かたくなに拒否した。

職員がこの母親について調査をしたところ、ネットカフェを住所としていたことが判明する。そんな状態のままで生まれたばかりの子どもを親に返すことはできない。ネグレクトにつながる可能性が大きいとの判断から、乳児院に一時保護をした。

母親には父親についても尋ねたのだが、「わからない」と繰り返すだけで、どういう経緯で妊娠したかということも、いっさい言わない。さらにくわしく調べていったところ、税金の申告もしていないということで、風俗関係の仕事をしていて妊娠したことが明らかになった。

その後、母親は児童相談所との交流をいっさい拒否しており、子どもは乳児院にずっと預けられていたのだが、コロナ禍の影響で面会が不可能になってしまう。そして2年が経過したところで、乳児院から児童養護施設に移ることになった。

子どもが養護施設に移ったころから、母親は新たに年下のパートナーと暮らすようになった。母親は風俗の仕事はやめており、店で知り合ったという男性と生活を始め、結婚することで精神的には安定していった。

コロナ禍が一段落した時点で子どもとの交流が再開されたのだが、面談の際、母親は引き取れるような状態になったら子どもを引き取って一緒に暮らしたいと話した。結婚後、二人ともパートではあるが、仕事をしていたので、生活は安定していた。

家庭復帰させるにあたり、パートナーである養父についても調査、面談を行わなければならない。子どもを加えて3人と面談を行ったところ、母親はパートナーに対してつねに高圧的で、命令口調で話をしていた。

子どもの前でもその態度は変えなかったため、「それはよくない。実の父親ではないのだから、子どもが今後、お母さんと同じように接してしまう可能性があるから、そういった態度は改めたほうがいい」と職員はアドバイスをした。

親子交流の際、子どもは母親を怖がっており、養父のほうにだけ近づいていき、母親のほうにはまったく近づいていかない。つねに命令口調で話す母親に対して子どもは敏感に察知していた。

また、母親は子どもへの接し方がわからない様子で、遠巻きに見ているだけだ。職員は「こういうふうに言って、子どもと交流を図ってください」と指導を続けたが、このときは養父のほうが母親より積極的に子どもにかかわっていた。

母親には離婚歴があり、子どももいたのだが、その後の調査で、親権は元夫となっていた。元夫との子どもは自分で育てていないため、子どもに寄り添うということがまったくできなかったのだ。支援アドバイスに対しても、職員に対しては、つねに反抗する態度を見せていた。

その後、二人は子どもを家庭に引き取るためにアパートを借りたとのことだったので、新居に訪問した。レイアウトを見ると、子どもがケガをしやすい家具の配置だったため、改善するようアドバイスを行い、また見に来ますと言った途端、「もう家庭訪問は来てほしくない！」と母親が突然、怒鳴ったのである。

このケースのように、感情をあらわにした場面を見てしまうと、結果的に子どもを家庭復帰させることが難しくなってしまう。保護者に罵倒されたり、担当者を替えてくれと言われたりするのは頻繁に起こることである。

保護者は子どもを奪われたと思っているため、敵だと考えているケースも多い。つねに最善策を考え、子どもに「安全、安心」な生活をしてほしいと思って支援を行っているのだが、なかなか職員の気持ちが伝わらないことも多い。

職員を替えてみたところで、しばらくすると同じ虐待が繰り返され、結果は同じである。「189」に通告があり、児童相談所に連絡が来て、以前の取り扱いがあるかどうかを調べたところ、同じことが何回も繰り返されていることが明らかになるだけだ。

ケース⑩　表面化が困難な性的虐待

表面化しづらい性的虐待だが、表面化した事件は信じられないような異常なケースが多い。義父から性的虐待を受けるというケースは以前から見られたが、社会情勢の変化とともに、さまざまな性的虐待が増加しており、そのうちのいくつかを例示しておく。

ある中学生の女児のケースだが、家では母の交際男性と3人で同居していた。夜になると、母と交際男性の性行為の声が聞こえ、また、性行為の現場も見てしまった。そのことに悩むようになって通院するようになり、「強迫性障害」と診断された。

その後、登校できないほど状態が悪化してしまい、本人の希望もあって入院することになった。しかし、問題なのは母親には見えないところで交際男性が女児の体を触ってくることだったのである。そこで通告が来て児童相談所案件になった。

通告日の翌日には子ども家庭支援センターの婦人相談員も交えて医療機関で関係者会議を開催し、情報共有と今後の方向性について協議を行った。通告から数日後、医師から女児の状態を母親に説明を行い、児童相談所は医療機関に一時保護の委託を決定した。

以後は医療機関と連携のもと、母子との面談や指導などの調整を行った結果、母親は交際相手との関係を解消し、女児が心配していた母の飲酒についても改善することを約束した。また、母親は精神科に通院することになり、女児も通院を継続することで、関係機関および児童相談所で当面のあいだ母子関係を見守ることとして一時保護委託を解除。母子での生活が再び始まった。

これは最悪のケースになる直前で救われた例だ。


次のケースは、あまりにショッキングで、信じたくない話だった。

深夜、中学生の女児が腹痛を訴えながら父親と救急外来を受診しにきた。診察の結果、女児は妊娠していることがわかり、しかも出産直前だったのである。そして、翌日早朝には普通分娩《ぶんべん》で男児を出産。新生児には異常はなかった。

その後、女児にいろいろ質問したのだが、新生児の父親については話したくないと言っていた。医療機関から連絡を受けた児童相談所は未成年、しかも中学生の女児が出産にいたり、保護者に対しては妊娠に気づいていなかったということでネグレクトを疑い、また、同時に父親からの性的虐待も視野に入れて調査を行った。

児童相談所は生まれたばかりの赤ちゃんと女児に対して退院と同時に一時保護を行った。

その数日後、女児は赤ちゃんの父は自分の父親だということを明らかにしたのである。

父親からは「母親には絶対に言うな。教育の一環だ」と言われながら何度も性的虐待を受けていたことが判明した。

父親が母親に対して身体的虐待を行っていると通報があったため、警察が出動したが、二人の娘への「面前DV（ドメスティック・バイオレンス）」にあたるため、児童相談所が関与することになった案件だ。面接を行ったのだが、母親に対しての強制性交があったことが明らかになり、その後、子どもたちにも身体的虐待と性的虐待があったことも判明した。

姉妹は小学校高学年のときから全裸で家の中の掃除をさせられ、それを父親が見るという性的虐待を行っていた。母親はそれを知っていたが、そんなに重大なことではないと思っていたという。

児童相談所は母親に対し、「そういった行動は性的虐待になるため、やってはいけないことである」ということを伝えた。その結果、タイミングを見計らって、いわゆる「母子逃げ」を行ったのである。そして、現在では姉妹二人と母親の3人で生活しており、性的虐待から逃れることができた。

最後は、母親はシングルマザーで、3歳の子どもは保育園に通っている母子のケースだ。母親の仕事はYouTuberで、動画配信を行うことで月40万円を稼いでいた。ここまでの話であれば問題はないのだが、信じられないことに、この母親はSNS（ソーシャル・ネットワーキング・サービス）で知り合った男性に自分の陰部と子どもの陰部の写真を送っていたのである。

警察から連絡が来たことで発覚したのだが、ご存じのとおり、現在、児童ポルノに関しては厳しく、絶対に許されるものではない。海外では、未成年への性的虐待は終身刑もありうる。自分の子どもを使えばSNSで簡単にお金を稼ぐことができるという安易な発想が犯罪につながっていった例だ。

児童ポルノに関しては子どもの人権を守るためにも、関係者は目を光らせていかなければならない。この母親はどういった神経をしているのだろうか。まったく信じられない話である。

ケース⑪　両親不在でヤングケアラー化した子ども

近隣住民の通告で発覚したネグレクトのケースだ。

小学校低学年の子どもが毎日お弁当を購入しているのを見ていたことで、気になって家を見に行ってみると、キッチンのシンクには虫が湧いており、タオルも替えていない状態であった。また、男児の洋服も汚れており、不衛生なため、これはネグレクトではないかという通告だった。

調査の結果、この子どもの父親は、ある事件で逮捕されて勾留中だった。母親は事件をきっかけに家を出てしまい、男児はひとりぼっちになってしまったという。男児には異父兄がいたのだが、父からの虐待によって、すでに施設に入所中だった。

保護者不在のため、この男児は親戚のおばあさんのところに預けられることになったのだ。しかし、おばあさんは高齢のため体調が悪く、養育ができない状態だった。そこで地域の行政職員は支援や地域サービスをすすめたのだが、おばあさんはそれを拒否してしまう。

通告直後に児童相談所の職員が会いに行くと、驚いたことに、子どもは部屋のゴミの山のなかから現れた。家がゴミ屋敷になっていたのだ。

「おうちの洗濯とか、ゴミ出しとか、誰がやるの？」と聞くと、「全部自分がやっている」と、あっけらかんと答えた。

昨日は自分でご飯をたいておにぎりをつくったという。職員は小学校低学年の児童が家事をしたり、おばあさんの世話をしたりしなければならない状況はよくないということを伝え、「今日から別のところで生活をすることになるよ。そこには清潔な着替えや、おいしいご飯があるから」と伝えると、「うれしい」と子どもらしい笑顔で答えた。

職権保護によって、この男児を一時保護した。面談では感情の揺れ動きが大きい所作が見て取れた。当初はほかの児童に攻撃的な態度を見せることもあったが、生活に慣れてくると、それもなくなっていった。学校ではリーダー的な立場だったと自分で言い、得意なことを披露して大人からほめてもらいたい願望が強い様子も見て取れた。

一時保護所の生活では職員の仕事を手伝おうとするなど、これまでのヤングケアラーだった家庭環境の影響も見受けられた。保護所の生活はとても気に入っていて、提供されたことについては、きちんとお礼を述べる。

残してきたおばあさんのことを心配する発言もあり、母親には肯定的な感情を抱いていたものの、父親に対してはいい感情はなかった。もう家事はやりたくない、以前の生活には戻りたくないと、ずっと言っていた。

子どもは家庭環境が安定しないと安心して親に甘えることができないため、外に対して心を開くには時間がかかる。この男児は自分の欲求を伝えても、それがすぐに受け入れられないと、すぐに取り下げる傾向があった。元気に学校にも通っていて、今後は子どもらしい表現を学び、施設の職員との会話などを通して年齢相応の発達を促していくことが望ましいとされた。

これは保護者のネグレクトが原因でヤングケアラー化してしまった例である。こういったケースは密室での出来事であるため、表面化しづらいが、近所の児童に何か異変を感じた場合、「おせっかいかも」と躊躇《ちゅうちょ》せずに、もう少し関心を寄せてみてほしい。

これまでに挙げた事例は、どれも最悪なケースには至っていないものだ。次の章からは子どもが親による虐待の犠牲となってしまった4つの児童虐待死事件を改めて考察してみたい。それぞれの事件が社会に与えた衝撃は大きく、法律が改正されるきっかけになった事件もある。

なお、これらの事件はすでに実名で報道されているが、本書ではプライバシーを配慮して実名は使用していないことをご理解いただきたい。

第2章

目黒女児虐待事件

被害女児が書き残した手紙の衝撃

「ままもう　パパとママにいわれなくても　しっかりと　じぶんからきょうよりか
もっともっとあしたはできるようにするから　もうおねがい　ゆるして　ゆるして
ください　おねがいします　もうおなじことはしません　ゆるして」

2018年、現在の虐待に関する法律改正のきっかけとなった虐待事件があった。たび重なる虐待を受けていた当時5歳の女児が死亡し、女児の両親が逮捕された事件だ。東京都目黒《めぐろ》区で起こった女児虐待事件は犠牲となった子どもが書いた手紙が公開され、悲しみと怒りを助長させた。この事件がきっかけとなって政府、東京都、自治体が動いたのである。

2018年3月2日、養父からの119番通報で5歳の女児が医療機関に救急搬送され、その後、死亡が確認された。翌日3日には女児の養父が傷害容疑で逮捕され、同年6月6日には養父と実母が保護責任者遺棄致死容疑で逮捕された。被害女児は2018年1月下旬に香川県から東京都に転居していたのだが、両方の自治体の相談所がかかわっていたなかでの事件だった。

その後の調査で、この女児は2度にわたって一時保護を受けていたことが明らかになった。最初の一時保護のときから医療機関がかかわっていたのだが、最悪な結果にいたってしまった。その要因のひとつとして、医療機関と児童相談所、関係機関のあいだに危機察知についての認識のズレがあったとされている。

医療機関と関係機関のコミュニケーションに問題がなかったか、また、虐待に至るまでにどういった背景があったのかについて、「一般社団法人日本子ども虐待医学会（JaMSCAN）子ども虐待死亡事例検証委員会検証報告書」および「子ども虐待による死亡事例等の検証結果等について」（社会保障審議会児童部会児童虐待等要保護事例の検証に関する専門委員会）を参考にして検証してみたい。

生後わずか7カ月で「身柄付通告」

虐待によって亡くなった女児は2012年3月20日に誕生した。母親が19歳のときだったのだが、2015年には離婚している。女児が3歳を迎えた2015年11月ごろ、女児の養父となった男性と同居が始まり、2016年の4月に養父と母親が入籍した。

家族構成は4人で、女児以外に養父と母親のあいだに2016年に生まれた弟がいる。養父は香川県在住時には会社員として勤務していたが、東京都に転居したあとは無職だった。

今度こそは幸せな家庭が築かれるものだと思っていた矢先の2016年8月25日、近隣住民から赤ん坊の泣き声が聞こえるとの「泣き声通告」が香川県の児童相談所に入った。

そこで職員が状況確認に行くことになった。母親は19歳で女児を妊娠したとき、「若年妊婦」として香川県善通寺《ぜんつうじ》市の保健師がケアしていた経緯があった。児童相談所は市の保健師に問い合わせたのだが、出産当時の記録では虐待する兆候や育児に困っているような相談歴もなかったため、このときはすでに支援は終了していた。

図表1｜目黒女子虐待事件の相関図

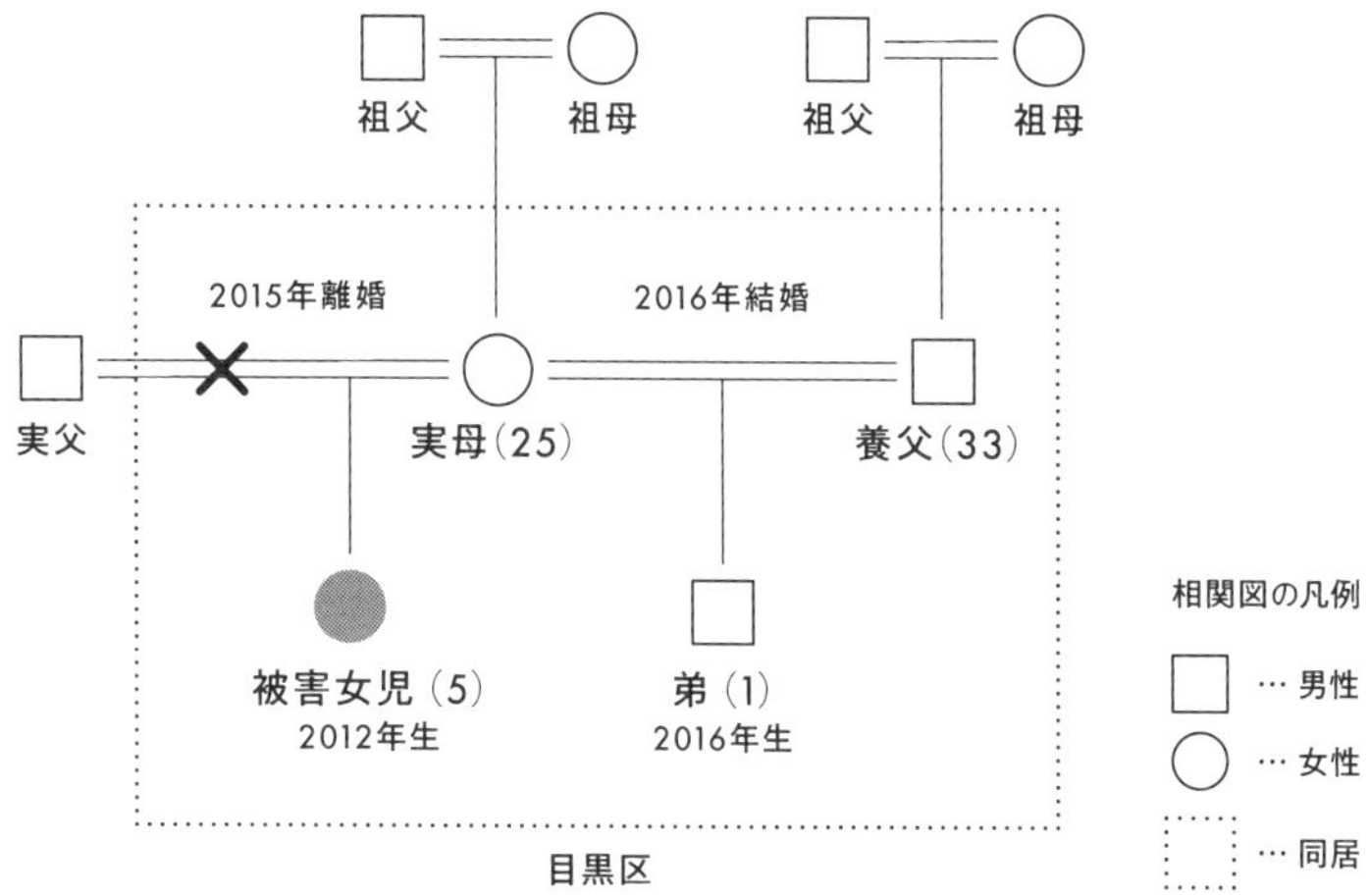

職員が家を訪ねたが、不在であったため、女児が通っている幼稚園に問い合わせたところ、園の回答は「とくに問題はない」とのことだった。これらの情報から、この女児に対しては一時保護ではなく、簡易な「相談事案」として様子を見ることにした。そのため、児童相談所は市と所属幼稚園に対して見守りを依頼していた。

その後、幼稚園から女児の体にあざがあると市に情報提供があり、事態が深刻化していくことになる。

暮れも押し迫った12月25日、幼い子どもがいる家庭なら一緒にクリスマスを祝っているときだが、この日、女児が養父からたたかれて屋外に追い出されていたところを近隣住民が発見し、警察に通報したのだ。

警察が駆けつけたところ、この女児の体や頭にあざやこぶがあることが発覚。虐待が疑われたため、警察から児童相談所に「身柄付通告」となった。「身柄付通告」とは警察が虐待を受けている子どもで保護者に監護させることが不適当であると認められる児童、いわゆる「要保護児童」を連れていって通告することだ。

翌日、医療機関での緊急診察によって左耳介《ひだりじかい》と左前額部《ひだりぜんがくぶ》の皮下出血および口腔内裂傷があったことが判明した。そのため、児童相談所によって1回目の一時保護が行われることになったのである。

その後、検察官による協同面接が行われた。協同面接には児童相談所と警察は参加するが、医療機関は同席できないことになっている。しかし、医療機関によるヒアリングでは、この女児から「パパにやられたという発言があった」と情報の一部が伝えられた。しかし、この発言の詳細については公式には情報提供はされなかった。

この時点で児童相談所が医療関係者に相談せずに自己判断していることで初期対応の遅れ、まずさが露呈したといえるだろう。その後、あらためて医療機関で全身診察を行った結果、左耳介と左前額部の皮下出血について、女児は「パパにパー（平手）でたたかれた」と語っていたのだ。

「一般社団法人日本子ども虐待医学会」の検証報告書によると、耳介は事故外傷ではまずありえない部位であることと、損傷の形状や性状および子どもの開示内容から「身体的虐待は確実」と判断して児童相談所に伝えていた。

口のなかの傷は治っていたが、上顎の左の前歯が破折していた。女児はその理由として、「筆箱を歯で開けようとしたら歯が欠けた」と答えている。これらの内容は児童相談所に伝えられたが、女児は養父を恐れているため、ウソをついたと考えるほうが自然である。

医療関係者と情報共有をしなければならなかったのだが、怠ってしまったのだ。検証報告書には筆箱を歯で開けるときに主に使うのは下顎の歯で、上顎の歯に破折が起こるのは不自然だとある。

4歳児の歯が破折するなら、ものを歯で噛むといった行為より、硬固物による強く速い力が歯の破折部に作用した可能性のほうが高い。たとえば上口唇《じょうこうしん》の部位を手や拳などで強打される、顎の下からアッパーパンチを受けて下顎の歯が上顎の歯に衝突するなどが原因で上顎の歯が破折したといった流れが推定されるという。

間違いだった一時保護の解除

その後、児童相談所は養父、母親と定期的な面接の継続を行い、家庭環境調整を行った結果、児童相談所は一時保護を解除する判断を下したのだ。そのため、年が明けた2017年2月1日、女児は家庭復帰となってしまう。同時に警察はこの養父を書類送検したが、のちに不起訴（起訴猶予）となった。

当時の父親は家族のために働いていて周囲の評判は必ずしも悪いものではなかったという。検察側は犯罪の事実は成立しているが、総合的に考慮して不起訴処分としたと考えられる。結果として、この判断が最悪な結果を招いてしまう要因のひとつになってしまう。

女児が家庭復帰して約1カ月半が過ぎた2017年3月19日、パトロールをしていた警察官がひとりでいる女児を発見する。体に傷やあざが確認されたことから、再び警察から児童相談所への身柄付通告となり、2度目の一時保護となった。

前回と同じ医療機関が緊急診察を実施したところ、下口唇《かこうしん》と舌左側に裂傷、腹部に横長の比較的大きな皮下出血が確認された。その際、女児は両側《りょうそく》下腿屈側《かたいくっそく》の痛みも訴えていた。

下口唇裂傷については、「今日、パパにたたかれてできた」と話したのだが、両側下腿の疼痛《とうつう》の原因や腹部の皮下出血については、「いつ、どうやってできたかわからない」と答えている。

午後に実施された全身診察では下口唇正中部《せいちゅうぶ》内側（粘膜面）に裂傷があったが、舌左側の裂傷は治っていた。また、腹部には多発性の皮下出血、右腸骨部腹側面《みぎちょうこつぶふくそくめん》に2カ所の皮下出血、左大腿部《ひだりだいたいぶ》にも皮下出血が発見された。ほかにも体に傷が見られたが、自分で転んで受傷する可能性はきわめて低い部位であった。

この状況を見た診察医は、「これが繰り返されれば、生命の危険性のある腹部鈍的外傷である」ということを児童相談所に伝えた。

女児はこのとき、顎下部《かっかぶ》と両側膝関節伸側《しっかんせつしんそく》のすり傷については「ブランコから落ちて転んで擦った」と語ったのだが、腹部と右腰部《みぎようぶ》（腸骨部）および左大腿部の皮下出血についてはケガをした理由については語らなかった。

3月23日、医療機関が診断書を発行し、翌日に児童相談所に手渡した。地方検察庁から医療機関に電話があり、診察医は「虐待が繰り返されている可能性が高い。腹部の皮下出血については命にかかわることがある」と伝えている。この時点で女児は通っていた幼稚園を退園している。

それから約2カ月後の5月14日、女児は一時保護所の心理士に対し、「パパ、ママ、いらん。前のパパがよかった」と語り、母親が同席した母子面接においては、「家に帰りたい」と言っている。

「申し立てを行っても認められる可能性が低い」

5月18日、「要保護児童対策地域協議会（要対協）」で情報共有が行われた。「要対協」とは児童の関係者で構成する協議会のことで、子どもの家庭環境などを調査して児童虐待のリスクがないかなどを評価し、支援の必要がある児童や家庭の情報を共有して早期発見、早期支援を行うことが役割だ。

26日に医療機関は要対協のケース会議のなかで女児を自宅に帰すことの危険性を伝え、「子どもにきちんと説明してほしい。困ったときの対処法も教えてあげてほしい。児童福祉法第28条の申し立てをしてでも帰すべきではないが、どうしても帰すなら、せめて週末は祖父母宅に預けることにしてほしい」と伝えている。

ちなみに、「第28条の申し立て」とは、強制的に親子分離を図る措置、この場合は親から引き離して児童福祉施設に入所させることだ。

医療機関は父親が家にいる週末に外傷が多く、虐待が発生していることに気づいていた。医療機関からの提案があったにもかかわらず、児童相談所による2度目の一時保護解除が行われてしまったのである。

香川県検証報告書のなかで、一時保護解除の理由として、「過去に28条の申し立てを行ったケースとの比較や、傷やあざの発生原因、受傷時期が特定できないことなどから、本ケースについては28条の申し立てを行っても認められる可能性が低いと判断した」と書かれている。医療機関が第28条の案件と医学的な診断結果から提案しているにもかかわらず、なぜ養育家庭に委託することや児童支援施設への入所の措置を取らなかったのか疑問が残る。

8月24日、医療機関が主催する育児支援ネットワーク会議で、医療機関は「地域情報によると『養父は何も反省していない』とのことなので、このような状態で女児が自宅に帰されたのは危険である」と述べている。

8月30日、実母と女児と異父弟が医療機関の育児支援外来を受診したところ、女児の左大腿部に長径3センチメートルの皮下出血と、左頬骨部《ひだりきょうこつぶ》にも皮下出血が認められた。

女　児「お父さんにたたかれた。蹴ったりもする」
主治医「お母さんは？」
女　児「お母さんも（その場に）おった」
主治医「（お父さんに）怒られるのはどんなとき？」
女　児「お勉強のとき。ウソつくときがいちばん怒られる。お父さんは怒ると怖い。怒らんようになってほしい」

女児は主治医に対して、このように語ったのである。
同時に、このとき、主治医は母親と面談している。母親は「夫のやり方は厳しく、以前はよく衝突していたが、いまはスタンス的には賛成。また、夫は子どもらしく、のびのび育てたいと言っている。自分が人間関係に苦労したので、そうならないよう厳しく接していると。私がアホやから、わかりやすく説明してくれる。話はめちゃくちゃ長く、話を聞くのは苦痛だが、正論だからしかたない」と話した。

医療機関は、このときに女児が語った内容と受診結果を児童相談所に連絡した。以前から、「病院からの情報は『通告扱い』にする」という約束になっていたので、この連絡内容を「通告である」とは、あえて伝えなかったという。

その後、児童相談所から医療機関に対し、「8月31日は、もともと面接予定だったが、母親が胃腸炎で児童相談所での面接をキャンセルしたので、『病院から通告があった』と伝えてもいいか?」との確認があった。

医療機関は「一時保護して児童福祉法第28条申し立ても含めた長期入所を考えるべきだ。28条を申し立ててくれるなら『病院からの通告』と言ってくれていい。しかし、一時保護して3月のように、すぐにまた帰してしまうなら、また同じように虐待が繰り返され、この母子がやっと医療機関とつながったところなのに、すぐに家庭復帰させて医療機関の通告を警戒して来なくなったら、医療機関として支援できなくなり、やっとつながっている支援機関のひとつが減ってしまうので、その点は考慮してほしい。ただ、今日行けば必ずあざがあるから、『病院からの通告』とは言わずに突撃訪問してください。あざはすぐに消えるので、行くなら今日、明日のうちです」と伝えた。

つまり、これは児童相談所が一時保護し、施設入所措置を取るぐらいの重篤な虐待ケースだと医療機関は伝えたかったのである。

医療機関からの連絡を無視した児童相談所

ところが、数日たった9月5日、医療機関が児童相談所に電話したところ、まだ家庭訪問していないことが判明したので、あらためて「あざを見てきてほしい」と依頼している。虐待の相談や通告を受けたあとは、児童相談所は速やかに緊急受理会議を行い、子どもの安全を第一に事実調査を開始する。また、原則48時間以内に子どもの安全確認義務があるが、それも守られていなかったのである。

その後、児童相談所は医療機関に対し、「9月8日に家庭訪問したが、8月30日に認められた皮下出血はすでに消えていた」と話した。この場合、10日もたっているので治っている可能性は高い。長くても2、3週間で治る。このとき、母子に対して別々に聞き取りをしたところ、実母は「最近は養父の暴力はない」と話し、女児からも被害はなかったと説明があった。

9月13日、母子が医療機関を受診。主治医は左大腿部に3センチメートルほどの楕円形《だえんけい》皮下出血を2個見つけた。

実母と医療機関とのやりとりのシートには「9月2日（土）、手を挙げてしまった」と記載されていたが、左大腿部の皮下出血は青みが強く、新しいものと推測され、被害を受けてから10日以上たっているものとは考えにくかった。

実母は、「（自分が）真剣に怒っていて、だんだんエスカレートして（9月2日に）手が出てしまった。しかし、蹴ったのは父親。女児がウソをつくことに困っている。下の子の夜泣きが1時間ごとにあり、昼間は幼稚園がなくなった女児がいて、夫のお弁当づくりや掃除もしっかりしないといけない。『自分は専業主婦なのに』と思ってしまう。父親に一緒に受診することもすすめたが、『必要ない』と言っていた。自分も仕事がしたい。夫は仕事をやめて東京で職を探す予定。知り合いがいて職のつてがある。12月から東京に仕事を探しに先に行く。夫の知り合いの近所に住む予定。引っ越す予定なので幼稚園復帰は考えていない」と、みずから家庭事情を語った。

そこで、診察医は「では、せめて病院のアートセラピーを受けてみませんか？」とすすめたところ、母親は快諾した。アートセラピーとは絵の具、クレヨン、粘土などで絵画や造形活動に取り組み、心のうちを視覚的に表現するセラピーのことだ。

医療ソーシャルワーカーは児童相談所に「女児の左大腿部に2個認められた皮下出血」のことを連絡し、この日の夕方、児童相談所の職員が来院したときに皮下出血の写真を渡した。女児には通常診療に加え、アートセラピーも開始された。

そして、9月28日、育児支援ネットワーク会議が開かれ、医療機関は第28条申し立てによって一時保護をすべきだと進言している。

解除された「児童福祉司指導措置」

10月に入り、母子が医療機関を再診したときには外傷は認められなかったが、養父が加えた左大腿部と腹部に対しての暴力については、

「太ももももお腹《なか》もキックされたよ。お腹をキックされたのがしんどかった。いちばんしんどいことはお勉強すること。お勉強するときにだいたい怒られる。『子どもハウス』(一時保

護所）がずっとはいやだけど、今日、家に帰りたくない。お母さんもパンチはしないけどたたくから」

そう言って父親から虐待を受けていることを話した。また、母親からは夫の心理的ＤＶを疑わせる言動も出ていた。

女児から「家に帰りたくない」という発言があったことを受け、翌日、医療機関が児童相談所と院内で会議を開催。主治医が「28条はどうなんですか？」と再度提案すると、児童相談所からは「28条を検討したが、女児の外傷が軽微なので難しい」という回答をしたのである。

また、主治医が「『子どもが帰りたくない』と言っている」と伝えたところ、児童相談所は「家裁で28条を却下されたら、児童相談所と親との関係が崩れる。今後の支援を継続するために親と子どもとの関係を調整したい」と答えた。

主治医が「子どもが『家に帰りたくない』と言っているのだから、せめて子ども本人の話を聞いてあげてほしい」と要望すると、児童相談所は「親の同意なしに子どもから話を聞くことはできない」と紋切り型の回答をしたのである。

通常、医療機関からの通告は生命の危機がある重篤なケースも場合も多い。外来受診時に虐待の通告を受けた場合、医療機関に出向いて主治医や看護師などから状況を聞き取り、児童の状態を直接確認する。必要であれば傷や内出血しているあざの写真撮影を行う。写真撮影を行うときは定規などを横に置き、大きさがわかるような写真を撮る。測るものがなかった場合でも10円玉など大きさがわかるものを置く。

このケースでは児童相談所の安全確認義務はなされておらず、怠っていた。

10月5日、母子が医療機関を再診したところ、女児は主治医に対し、「お父さんのキックがいっぱいある。昨日はキックがなかったよ。おとといはキックなかったよ。お父さんがお休みの土曜日、日曜日にキックされるよ。お母さんはキックやパンチはしない。子どもハウスに行きたい。いまも行きたい。お父さんがいやだから。子どもハウスにお母さんがいなくてもいい」と語った。

主治医が「『子どもハウスに行きたい』と思っていることを子どもハウスの人に言うと、お母さんが聞いてしまうことになるかもしれないけど、言ってもいい？」と尋ねたところ、女児は「お母さんも聞いていい」と答えた。

そこで主治医が母親に対して養父に蹴られていることを伝えると、実母は「夫のキックは知っている」と語った。さらに、主治医は「女児が子どもハウスに行きたいと言っている」と母親に伝えた。そして翌日、医療機関は前日の診察で女児から聞き取った内容を児童相談所に伝えている。

10月下旬には育児支援ネットワーク会議が行われ、医療機関は市と児童相談所に対し、養父が母親に対して「理想の母親像」「理想の妻像」「スリムな体型維持」といった要求をしていたこと、また、引っ越しを考えているということを伝えている。

11月に入ると夫が忙しくなったので、「娘のことにはかかわらないで、見て見ぬふりをしておいてほしい」ということを伝えると、「わかった」と言ってくれたという。この時期は夫と女児とのかかわりは減ってきていて、手が出たりすることはなかったとのことだった。

11月16日、育児支援ネットワーク会議があった。この時点で女児の体重が少し減少していることが明らかになっている。

12月の診断では女児の体重は15・3キログラムにまで減少してしまう。5歳の女子の平均体重は18・5キログラムということを考えると、食生活にも影響が出ているというのは確実だった。このとき、母親は夫が自分より先に東京に行くということを明らかにした。

21日、医療機関は育児支援ネットワーク会議で市と児童相談所に対し、実母の食生活、養父の要求の高さに応えられないことへの苦悩、また、女児の退行現象などについて伝えている。とくに児童相談所に対しては「転居先の医療機関につなぎたいので転居先を確認してほしい」と依頼した。

これは引っ越し先の医療機関に対し、これまでの情報を引き継ぐことが主な目的で、引っ越し後も注意してケアをしてほしいと伝えるためだったのである。

27日には母子が医療機関を再診。女児の体重は16・3キログラムで、増していた。このとき、実母は、養父はすでに東京に行っているということを明らかにした。養父だけ先に東京都目黒区に転出したという。

そして暮れも押し迫った28日、児童相談所の援助方針会議で児童福祉司指導措置の解除を決定した。まだ実母と女児が転居していないにもかかわらず、解除したのである。転居にともなう家庭環境の変化などをリスク要因と考えれば、せめて引き継ぎが完了するまでのあいだは児童福祉司指導などの措置を解除すべきではなかった。

「児童福祉司指導」とは行政処分として文書による通知がなされることで、指導を受ける保護者などは内容に不服がある場合は不服申し立てを行うことができる。一方、「継続指導」は行政処分ではなく、文書による通知もない指導であり、いわゆるサービスとして行われるという違いがある。したがって、児童の居所を児童相談所が一方的に指示することなどもできない。

女児の体重が微増したことは食事制限を強制していた父親が転居によって家にいなくなったことによるものであると想像がつく。そんな状態のまま父親のもとに転居すれば、虐待を受けることは容易に判断できたはずだ。児童相談所が女児を一時保護するどころか、転居に際して児童福祉司指導を解除したことは、何より危機意識が欠如していたといわざるをえないだろう。

なぜ、〝引き継ぎ〟は不十分になったのか

年が明けて2018年1月4日の昼、児童相談所から医療機関に電話があった。このとき、医療ソーシャルワーカーは児童相談所の職員に対し、「病院としても再度、転居先の住所を聞いてみるが、確認が取れなかった場合は児童相談所経由で転居先が所管する児童相談所に情報提供したいので、医療情報を移管先に渡してほしい」と伝えている。

転居などによる児童相談所同士の移管に関しては、「法（引用者注＝児童福祉法）第25条等に基づき、転出先の自治体を管轄区域とする児童相談所に通告し、ケースを移管するとともに、当該家庭の転出先やこれまでの対応状況など必要な情報を提供し、また、転出先の自治体から照会があった場合には適切に情報提供を行うなど、転出先の児童相談所と十分に連携を図ることが必要である」となっている。

移管元の児童相談所は移管先の児童相談所に対し、しっかり引き継ぎを行いなさいということだ。

通常、移管元の児童相談所は援助方針会議などで組織の方針を確認し、速やかに移管先の児童相談所と事前協議するのだが、それがなされていなかったのである。移管元と移管先の職員が一緒に家庭訪問を行い、担当を紹介する。そして児童相談所から要保護児童対策地域協議会などで情報共有、役割分担を依頼し、対応するのが常だ。

母子が医療機関に再診に来た際、主治医が母親に転居先を尋ねると、「いまは覚えていない」と答えた。

そこで主治医は実母に対し、「1月末までには転居先住所を連絡してください。引っ越し先でしんどかったら、いつでも連絡ください。こちらから近くの病院を紹介します。夏休みに帰省するなら受診してほしい」とまで伝えており、医療ソーシャルワーカーも母親に対し、「転居先の住所がわかったら連絡をください」と伝えている。

1月5日、医療機関が児童相談所に母子の最終受診の様子を連絡するために電話したところ、「12月に養父が先に転居して父親不在になったあと、女児の体重が約1キログラム増えて体重増加が急激になった。

女児が実母にわがままを言えるようになって母子関係は改善し、以前のようにぎくしゃくしていない。しかし、転居先は病院も教えてもらえず、1月末まで待っても連絡がない場合は医療機関から母親に連絡する予定である」と伝えている。

このころ、主治医、医療ソーシャルワーカー、母子のアートセラピーを担当していた心理士の3人は院内会議で、「養父のもとに帰ったら命が危ない」という危機感を持って話し合っていたのである。

そして1月17日、母親、女児、異父弟の3人が東京都目黒区に転出する。そこで以前住んでいた市の児童福祉・母子保健担当部署は目黒区の子ども家庭支援センターおよび区の保健機関に情報提供を行った。

医療機関は市と児童相談所に対し、「母親に連絡したが、つながらなかった」と報告。

出典：厚生労働省『子ども虐待対応の手引き』第2章 発生予防

9.養育支援が必要となりやすい要素	10．状況認識 状況認識においては、期待できる要素（親族の支援や前向きな感情等）についても記載する。
・身長増加不良 ・体重増加不良 ・発達のおくれ ・ことばの発達の著しいおくれ ・発達のアンバランス・その他（ ）	子どもの状況認識：
・不潔 ・不自然なけがやあざ ・慢性疾患、障害 ・重度のアトピー、喘息（アレルギー疾患） ・その他（ ）	
・表情が乏しい、無表情 ・夜尿、遺尿、失禁が多い ・眠りが浅い、夜泣き ・うつ的、活気がない ・緊張が高い・その他（ ）	
・多動 ・乱暴 ・自傷行為・不登校 ・暴力 ・万引き ・家出 ・虚言 ・年齢不相応な性的な興味関心、言動 ・急激な学力低下・その他（ ）	
・年齢相応の基本的な生活習慣が身についていない ・年齢に不相応な行儀の良さ ・その他（ ）	
・養育者との関係（なつかない、拒否、おびえる、服従、萎縮） ・視線を合わせない ・家に帰りたがらない ・誰とでもべたべた ・身体接触を極端にいやがる ・同年代の子どもと遊べない ・孤立・その他（ ）	
・疾患（身体、精神） ・障害（身体、知的、精神） ・依存症（薬物、アルコール） ・うつ的 ・慢性的ストレス状態 ・その他（ ）	養育者の状況認識：
・よく怒る ・攻撃的 ・衝動的 ・体罰の容認 ・感情不安定 ・自己中心的 ・社会的未熟な性格 ・その他（ ）	
・衣食住の世話をしない ・事故が多い ・健診、予防接種を受けさせず ・しつけせず ・子との関わり少ない ・その他（ ）・過度のしつけ	
・発達理解がない ・育て方がよくわからない ・家事能力が低い ・依存的 ・育児不安が強い ・育児しようとせず ・その他（ ）	
・かわいいと思えない ・受容がない ・きょうだいで差別する ・イライラする ・拒否的 ・無関心 ・過干渉 ・権威的 ・その他（ ）	
・こどもや養育上の問題の認識（自覚）がない ・こどもを守れない ・子どもの状況より親の欲求を優先 ・共感性が乏しい ・虚言癖 ・危機の解決できず ・ストレス解消できず ・その他（ ）	
・夫婦不和、対立 ・家族不和、対立 ・夫婦間暴力 ・家庭内暴力・その他（ ）	養育環境の状況認識：
・離婚、死別、別居 ・同居、内縁、再婚 ・一人親等・その他（ ）	
・児は在宅で養育者とのみいる時間が長い・その他（ ）	
・きょうだいに疾患、障害あり ・きょうだいが多い（多子）・その他（ ）	
・不衛生 ・居室内の著しい乱れ ・転居をくりかえす ・住所不定・その他（ ）	
・定職なし、失業中 ・働く意志がない ・職を転々とする ・不規則な就業時間 ・就労によるストレス（疲労）・その他（ ）	
・経済不安あり ・生活苦 ・計画性の欠如（ギャンブル、借金等）・その他（ ）	
・親族からの孤立、対立 ・近隣、友人からの孤立 ・育児援助者がいない ・相談出来る人がいない ・その他（ ）	
・望まない妊娠 ・妊婦健診未受診での分娩 ・出産後精神疾患（マタニティ・ブルーズ、産後うつ等） ・その他（ ）	非変動環境の認識：
・低出生体重児 ・多胎 ・先天性の疾患等 ・その他（ ）	
・出産後の長期入院（分離） ・子どもとの分離（施設入所等） ・養育者が一定しない ・その他（ ）	
・第1子出生時十代の親 ・その他（ ）	
・養育者自身の被虐待歴 ・親から愛されなかった思い ・親との対立 ・厳格な親に育てられた ・その他（ ）	

図表2 ｜ リスクアセスメントシートの例

A			B		C		D			E			F			G						H		
5.情報提供機関			状況確認		からの窓口シート		医療機関からの情報			保健センターからの情報			保育所・幼稚園・学校からの情報			からの情報			からの情報			**事前訪問での情報**		
6.情報入手日			(／)		(／)		(／)			(／)			(／)			(／)			(／)			(／)		
7.確認状況 ＼ 8.項目			心配該当	未確認	該当あり	不明	心配ない	心配	不明	心配ない	心配	不明	心配ない	心配	不明	心配ない	心配	不明	心配ない	心配	不明	心配ない	心配	不明
子どもの状況	①	発育・発達																						
	②	健康状態・身体症状																						
	③	情緒の安定性																						
	④	問題行動																						
	⑤	基本的な生活習慣																						
	⑥	関係性																						
養育者の状況（続柄記入）	⑦	健康状態等																						
	⑧	性格的傾向																						
	⑨	日常的世話の状況																						
	⑩	養育能力等																						
	⑪	子どもへの思い・態度																						
	⑫	問題認識・問題対処能力																						
養育環境	⑬	夫婦・家族関係																						
	⑭	家族形態の変化																						
	⑮	養育者との接触度																						
	⑯	きょうだい関係																						
	⑰	居住状況																						
	⑱	労働状況																						
	⑲	経済状況・経済基盤																						
	⑳	地域社会との関係																						
非変動環境	㉑	妊娠・分娩状況																						
	㉒	児の出生状況																						
	㉓	養育者との分離歴																						
	㉔	養育者の年齢																						
	㉕	養育者の生育歴																						

市からは「第2子の1歳6カ月児健診が近いので、電話で目黒区に連絡し、『心配な母子である』と伝えた」と報告された。

1月30日、移管元の児童相談所は移管先の児童相談所に対して2枚の事例概要をFAXで送付。児童相談所では緊急受理会議を開催し、「虐待」として受理を決定した。

翌日、移管元の児童相談所から移管先の児童相談所に対してケース移管・情報提供票ほかの関係資料を送付。これをもって担当の児童相談所は引き継がれ、変更となった。

引き継ぎの内容は移管元が緊急性を判断するために行ったリスクアセスメントシート（図表2）およびこれにもとづくリスク度の判断（A～C）を添付し、緊急性や重症度が簡潔に伝わる内容にしなければならない。あわせてケガの写真などの客観的な情報を伝えることによって移管先が緊急性や重症度が十分に判断できる資料の提供が必要だが、実際にはされていなかったのである。

「あざなどの写真は見ていない」

2月1日、目黒区の子ども家庭支援センターは移管先の児童相談所に電話を入れている。区が家庭訪問予定であるという説明に対し、児童相談所は移管元の児童相談所に保護者への連絡を依頼している最中で、確認でき次第、家庭訪問を行うと回答があった。

2月6日になって移管元の児童相談所と養父との電話がつながり、今後は転出先にある児童相談所が関与することを説明。そして翌日、以前の児童相談所から転出先の児童相談所に対し、「保護者と連絡を取った」と説明をしたが、この時点ですでに引っ越しをしてから20日以上が経過している。これも対応の遅れといわざるをえないだろう。

2月8日、移転先の児童相談所が区要対協行政機関進行管理会議において情報共有を行い、翌9日に家庭訪問を行うことを伝え、9日に移転先の児童相談所が家庭訪問を実施した。このとき、異父弟は確認できたのだが、女児には会うことができず、安全確認をすることができなかった。支援的なかかわりが必要だった事例だったにもかかわらず、親が児童相談所の職員と子どもとの面会を拒否したのである。

安全確認ができない場合にはリスクがあると判断し、必要に応じて出頭要求を行うことができ、拒否した場合などは立ち入り調査を行うほか、臨検（行政機関の司法警察員が法規の遵守状況や不審点の確認のために現場まで出向いて立ち入り検査すること）・捜索などの対応が可能なのだが、これを実行しなかった。移管元の児童相談所からの引き継ぎが詳細に行われ、医療機関からの危険を感じさせるような情報を把握していたら、親に面会を拒否された場合には法的権限で女児の安全確認が行われていただろう。

2月20日、区の子ども家庭支援センターは母子の確認のため、小学校での説明会を訪問したが、現れたのは母親のみで、女児は確認できなかった。一方、以前診断を担当していた医療機関は移管元の児童相談所に電話し、「実母が以前に『転居して2、3週間して落ち着いたら連絡します』と話していたので待っていたが、連絡が来ない。転出先の児童相談所に引き継ぎの相談をしたいので仲介してほしい」と依頼している。

翌日、医療機関は移管先の児童相談所に連絡して「医療情報を提供したい」と伝え、さらに医療機関の医療ソーシャルワーカーが職員に対して「病院から母親に連絡を取ろうとしたが取れていない。定期的に見ていたお子さんであるため、非常に心配している」と伝えた。

また、移管元の児童相談所からどういう引き継ぎを受けたのか、あざの写真を見たかのかと尋ねると、職員は「前の児童相談所からの引き継ぎ内容を確認したが、あざなどの写真は見ていない」と答えた。医療ソーシャルワーカーは、「あざもあったお子さんなので写真も提供したい。児童相談所からの依頼文を確認後、病院で提供できる写真などを含め、資料を準備します」と伝えた。

そして26日、移管先の児童相談所は医療機関に提供依頼文書を発送。28日には医療機関が依頼文書を受理したが、残念ながら、それが最後となってしまう。

女児の臓器は約5分の1に萎縮していた

このころから女児の様子に異変が生じていた。何を食べても吐くようになった。母親は病院に連れていきたいと言ったのだが、養父は虐待のあざが発覚するのを恐れ、結局、そのままにしていた。その後、経口補水液やブドウ糖の飴《あめ》を買って与えたが、女児の体力は回復不可能なほど衰弱していたのである。

3月2日午後、女児はぐったりし、布団に横になってパソコンでアニメを見ていたという。この時点で、もはやひとりでトイレに行くこともできなくなっていた。

そして午後5時過ぎに突然嘔吐《おうと》し、「お腹が痛い」と訴えたのを最後に心肺停止の状態に陥ってしまう。養父は母親からそれを聞いて、あわてて119番した。駆けつけた救急隊員の応急処置のあと、救急車によって病院に運ばれたが、すでに帰らぬ人となってしまった。

死亡時の体重はわずか12・2キログラムだった。司法解剖の結果、女児の足には重度の凍傷が認められた。また、正常な5歳児と比べて臓器が約5分の1に萎縮していた。2月末ごろから続いた虐待によって衰弱してしまい、ほぼ寝たきり状態で嘔吐を繰り返していたという。

朝10時に移管元の児童相談所から医療機関に電話があり、「至急、電話をください」とのことだったので、医療ソーシャルワーカーが折り返し電話すると、「詳細不明であるが、女児が亡くなった。転出先の児童相談所への引き継ぎはどうなっていますか?」と尋ねると、「現在、送る資料を準備中だ」と答えた。

3月6日になり、医療機関は院長からカルテ開示の承諾を得たうえで、主治医と心理士が警察の事情聴取に応じている。また、移管先の児童相談所から医療機関に対して「亡くなりはしたが、今後の重大事例検証などのためにも、提出していただく予定であった医療情報を提出してほしい」との連絡があった。

さらに、職員は「医療機関としては『リスクは高い』と思っていたか?」と質問すると、医療ソーシャルワーカーは「病院としては『非常に危ない家庭だ』と思っていた。そのために直接、児童相談所にも連絡した」と回答。

職員は「以前の児童相談所にはその危険な意識が伝わっていたか?」と質問すると、「一時保護解除の際には要対協などで意見も言わせてもらっていたし、それ以外にも何度もやりとりしていたので、以前の児童相談所に危機感は伝わっていたと思う。家庭引き取りになってからは病院としてできるだけのことをしていた」と述べている。

6月6日、警察は養父、実母の二人を保護責任者遺棄致死容疑で逮捕した。

届かなかった悲痛な叫び

第7章で述べるが、児童相談所に通告があった場合、原則としては48時間以内に家庭訪問を行い、児童の安全確認をしなければならない。

この家庭の場合、移管元の児童相談所は2回、被害女児を一時保護していた。しかし、児童相談所は女児の父親に対して十分な指導を行わず、転居を理由に指導自体も解除してしまったことで、結果的に女児を大人の視界から外してしまったのである。この空白の時期に児童相談所の担当職員をはじめ、誰かひとりでも声を上げて対応していれば、最悪の結果は避けることができたのではないか。

医療機関が児童福祉司による指導が解除されていたことを知ったのは女児の死亡が発覚したあとであった。児童相談所にその理由を尋ねたところ、「転居の際には児童福祉司指導などの措置は解除することになっている」という説明だった。

移管元の児童相談所からの引き継ぎの書類では案件の特徴や危険度のアセスメントが不明確であったほか、ケガの写真などの客観的な書類も引き継がれていなかった。また、要点が不明確であるとともに、口頭での補足説明も十分ではなかった。

転居するとわかった場合、移管元が移管先に行き、事前に情報を共有するのが通例だが、出向くことができなかったとしても移管先と十分に連携を図ることとしている。それが十分に行われていなかったのである。また、香川県の対応を検証する第三者委員会は香川県の児童相談所が県警に転居したことを伝えず、県警が警視庁と情報共有できなかったとする報告書を公表した。児童相談所間の引き継ぎも不十分だったと指摘している。

事件から約1年7カ月後の2019年10月15日、東京地裁は父親の女児への虐待について、「しつけという観点からかけ離れ、感情に任せて行われた理不尽なものだった」として懲役13年（求刑は懲役18年）が確定した。

逮捕時の家宅捜索において養父のバッグから乾燥大麻が発見され、その後、大麻取締法違反（所持）容疑で追送検されている。常習性があり、その事実を隠すために面会を拒否し続けた可能性も否定できない。

また、2020年9月8日、一審判決の懲役8年を不服とした母親が起こした控訴審で、「元夫による心理的DVを考慮しても虐待への関与が低かったとは言えない」と一審判決と同じく懲役8年が確定している。

「きのうぜんぜんできなかったこと　これまでまいにちやっていたことをなおす
これまでどんだけあほみたいにあそんだか　あそぶってあほみたいだからやめる
もうぜったいぜったいやらないからね　ぜったいやくそくします」

女児の悲痛な叫びは、いったい誰の耳に届いていたのだろうか。

第3章

野田小4女児虐待事件

「なぜ、実父がこんなことをするのだろうか」

「お父さんにぼう力を受けています。夜中に起こされたり起きているときにけられたりたたかれたりされています。先生、どうにかできませんか」

犠牲となった小学校4年生の女児が学校でいじめアンケートの自由記入欄に回答していたことがニュースで大きく取り上げられた。みずから勇気を振り絞って助けを求めているなかで実父に命を奪われた事件。この報道を知ったとき、多くの人は「なぜ、実父がこんなことをするのだろうか」と驚きと疑問が混じり合った感情を抱いたのではないだろうか。

2019年1月24日、千葉県野田《のだ》市立小学校4年生の女児（当時10歳）が父親からの虐待を受け、自宅浴室で死亡した。父親は傷害致死罪などで懲役16年、母親が傷害ほう助罪に問われ、懲役2年6カ月、保護観察付き執行猶予5年の判決を言い渡された事件だ。その後、野田市によって検証が行われ、報告書でその内容が明らかになっているが、それらの資料を参考にしながら事件の経緯を追ってみたい。

父親の転居で虐待の追及が困難に

被害女児は2008年に沖縄本島最南端の市、糸満《いとまん》市で生まれた。両親が結婚したあと、父親が母親に暴力を振るうようになり、2009年に母親は糸満市にある実家に女児を連れて逃げ込んだ。そして3歳のときに両親の離婚が成立し、女児は母親の実家で母と祖父母と暮らすことになった。

女児が小学校に入学した2015年、実家から8分ほど離れたアパートに引っ越し、親子二人で暮らすようになる。しかし、翌年には別居していたはずの父親がたびたびアパートに出入りする姿が目撃されている。

その後、母親は2017年に父親と再婚することになり、6月中旬には女児の妹となる次女を出産している。産後は体調がすぐれず、入院生活が続いていたのだが、この時点で女児を夜中に長時間立たせたり、床に正座させたりするなど、すでに父親による虐待が始まっていたのである。それを知った親族が7月に糸満市に対して父親による女児への恫喝《どうかつ》と母親へのDVについて相談している。

相談を受けた糸満市は父親に対して家庭訪問を2度申し込んだのだが、キャンセルされた。その直後の8月、父親は体調がすぐれない母親を沖縄に残したまま、まだ生後2カ月ほどの乳児である次女と女児を連れて父親の実家がある千葉県野田市に引っ越した。

父親が転居してしまったことで市の行政としては虐待に関しての追及が不可能となり、結果的には逃げられたかたちになってしまった。そして9月の新学期には女児は沖縄県糸満市の小学校から千葉県野田市の小学校に転校することになった。

引っ越してから約3カ月後の11月6日、女児の学校でいじめアンケートが実施された。そのとき、女児は「お父さんにぼう力を受けています。先生、どうにかできませんか」とSOSの文章を書いたのである。そして翌日にはアンケート記入日にも暴力があったと当時担任だった女性教師に話している。このころ、父親は女児の頭部を殴るなどの暴行をはたらいていた。

「お母さんがいないときに頭を殴られる。10回くらい殴られる。グーで殴られる」
「お母さんは、お父さんに沖縄にいるときにやられている」
「昨日も頭と背中を蹴られて、いまも頭が痛い」
女児は女性教師に泣きながら訴えた。数日前には女児の目が赤くなっており、当時の担

図表3 | 野田小4女児虐待事件の相関図

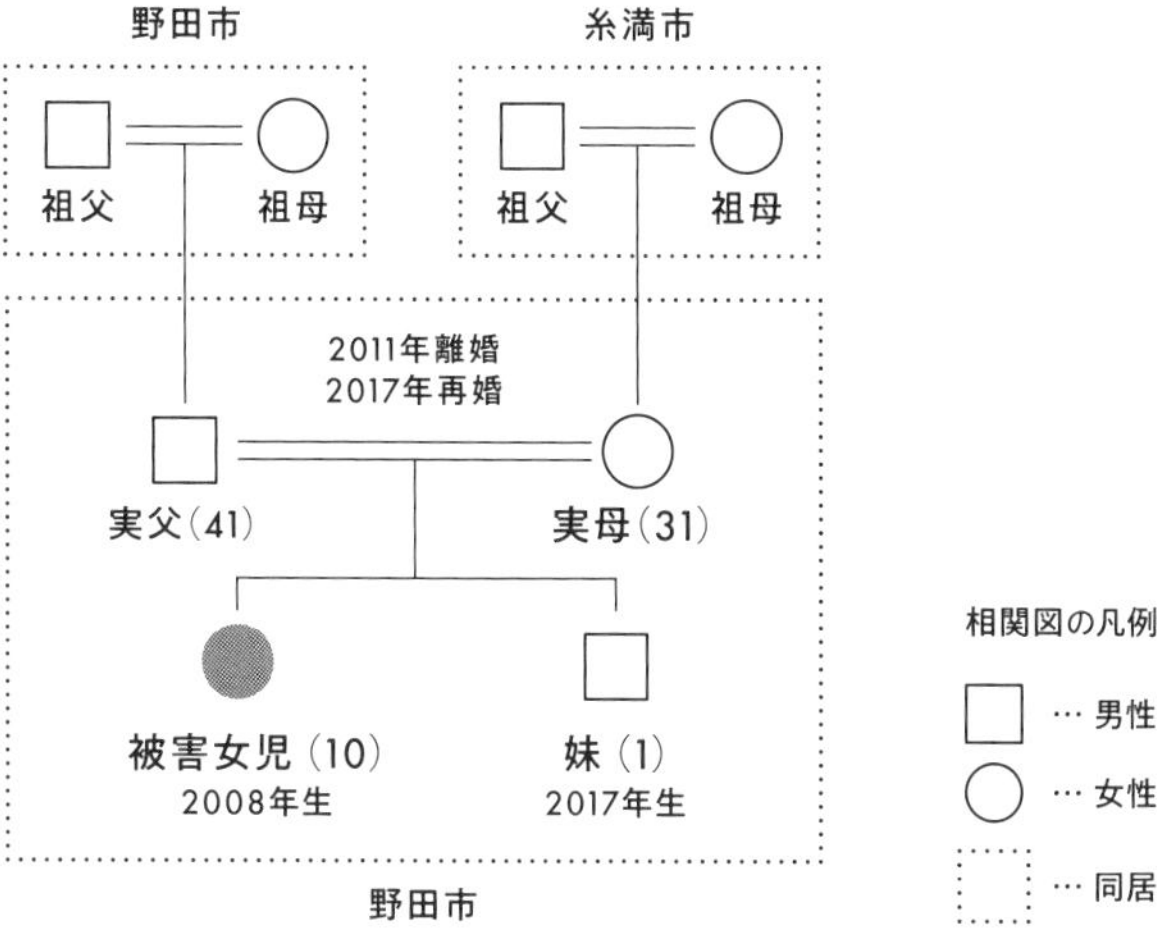

任には「結膜炎」と答えていたが、あらためて聞くと、じつは「お父さんに殴られた」と話したという。

また、口をふさがれて床に押しつけられたことがあり、そのとき、父親は「なかなか息が止まらないな」と言い、命が危険にさらされていると訴えたにもかかわらず、それを知った学校、児童相談所も警察には通報していなかった。このアンケートを読んだその日のうちに通報していれば、最悪の結果にはならなかっただろう。

いつでも父親が立ち寄れる場所で生活

アンケートの回答翌日の11月7日、児童相談所は女児を一時保護した。女児は「お父さんが怖いから、家に帰りたくないからここに来た」と職員に言った。保護されることによって父親から離れることができて、暴力を受けなくなったので安心したことは想像にかたくない。

児童相談所では保護された当日から面接が行われた。アンケートに書いた「お父さんにぼう力を受けています」については、この時点で初めて児童相談所が知ることになる。

職員は女児の一時保護のときの印象について、「初対面の大人に対しても、きちんと敬語を使って話してくれて、知識も豊富で、自分の考えた言葉できちんと説明できることが印象的でした。受け答えがはっきりしていて、この子の言うことにウソはないと思いました」と裁判で証言している。

その後、職員との面接で、「母がトイレに行ったときや料理をしているときなど、ほんのわずかな時間に背中や首をたたかれた」と、父親から受けた虐待について具体的に話し出した。

職員が「ほかにいやなことはある？」と聞くと、顔がこわばった。「命にかかわることかな？」と聞いたら、うなずいた。女児の恐怖心は尋常ではなかっただろう。また、女児には妹がいるのだが、一時保護されたあとに、きょうだいが被害にあうケースも少なくない。きょうだいが直接的に虐待を受けていなかった場合でも、家庭内で虐待が発生した場合、きょうだい受理を考えて支援していく必要がある。

また、女児は別の日にはこんなことも話していた。

「夜中に起こされ、家の外に人がいるから見てこいと。いやだと言ったが、見てこいとズボンを脱がされ、パンツを脱がされた」

「夜中に口と鼻をふさがれ、布か布団で押さえられた」

「息ができなくて死ぬかと思った、口が腫れて、しばらくマスクをして学校に通った」

身体的虐待だけではなく、性的虐待も行われていたのである。

そんななか、一時保護されてから約2週間後、女児は両親と面会することになった。別室から両親が待つ部屋に女児を連れていこうとすると、女児の顔がこわばり始めた。

虐待者である保護者との面会の場合、子どもに強い不安や緊張が予想される場合には、通常は面会を控える。職員は両親になぜ会わせたのだろうと疑問を感じざるをえない。女児との面談で死を感じるほどの恐怖だったと言っているのだから、別の対応を考えるべきだった。子どもが保護者との面会に強い拒否感を抱いている場合は手紙を書かせるなどのほかの手段もある。

結局、職員は女児を面会室に連れていったのだが、面会室に近づいたときは職員らの後ろに隠れてしまった。そして女児を部屋に入れたのだが、まったく隅から動くことができず、下を向いて泣きそうだったという。

そのとき、父親は「家に帰ってくるのを待っているよと」と手を差し出したのだが、女児は手をサッと引っ込めた。のちに職員は「時期尚早で申し訳ないことをした」と証言しているが、女児の否定的な態度に父親の怒りが増長し、家庭復帰が行われたとしても虐待にさらに拍車をかけることが想像できたはずだ。

その後、職員との面談で、「女児にとって安全なおうちとは、どんなおうちか」と尋ねると、女児は「一つ目は暴力暴言がないおうち」「二つ目は見張りをやめてほしい」「三つ目は夜中に机のなかを触るのをやめてほしい」と答えたという。

女児は初日の職員との面談で、「お父さんの暴力がなくなったら家に帰りたい」と話していたこともあり、年末も押し迫った12月27日、児童相談所は父親とは会わせないこと、祖父母宅での生活を条件にしたことで、一時保護が解除となったのである。

翌日12月28日には児童相談所はその件に関して学校に連絡を入れている。一時保護解除のための条件は祖父母宅で生活することとしたが、実際には父方の実家であるため、いつでも父が立ち寄れる場所だったのである。

ここで示された「父親とは絶対に会わせない」という条件は経過記録では「父親と二人きりでは会わない」となっていたことが判明する。この違いが問題をさらに深刻なものにしてしまう。

モンスターペアレント化する父親

年が明けて冬休み明け、女児は2018年1月9日から11日まで登校していなかった。その一方、父親から学校教育課に連絡があった。今後、女児を安心して登校させるため、教育委員会も含めた話し合いを持ちたいと学校側に相談してきたのである。そこで12日、教育委員会と小学校側が女児の父母と面談を行った。

当日、父親は母親と一緒に学校を訪れた。父親は質問事項を紙にまとめ、ボイスレコーダーを持参し、通告やその後の一時保護に関連した学校側の対応や判断の根拠を詰め寄った。

「一時保護が解除されたのは暴力がない証拠だ」

「名誉毀損で訴訟を起こす」

「家族を引き離された気持ちがわかるか」

などと恫喝したのである。

そして女児が書いたいじめアンケートの回答を見せるよう強く要求したが、学校側は「見せることはできない」と伝えた。しかし、父親の怒りは収まらず、言葉を荒らげて恫喝し、ボイスレコーダーを机上に置いたりして情報開示を約束させる「念書」を要求した。

翌日1月13日、小学校側は以下の文面の念書を父親に渡している。

念書
野田市立山崎《やまざき》小学校（校長　○○○○）教職員一同は、「○○○○（引用者注＝女児）の

一時保護に関する件」に関して通告の義務における責任について、児童復帰後は、保護者及び親族一同が安心して児童を任せられる様、具体的な対応、方法を提示し、知識、技能の限りを尽くすことを誓う。

また、今後、児童への対応等が必要となった場合、保護者及び教育委員会への情報開示を即座に実施し、協議の上決定する。

以上のことを遵守し、保護者及び親族一同に対して信頼される組織として学校作りに取り組むことを誓う。

読んでわかるだろうが、まるで父親に脅迫されて書かされたかのような内容だ。

その時点で対応策を練るために教育委員会、学校、児童家庭課、児童相談所の打ち合わせが必要だったが、「一日でも早く学校に来る環境をつくりたかった」ため事前打ち合わせをせず、結果的に学校と教育委員会だけで父母に会うことになってしまった。

また、子どもの安全を第一に考えるのであれば、女児に直接接触する必要もあった。親が子どもを学校に行かせないことは教育ネグレクトであるため、通告も含めて対応をすべきだった。

当時の小学校の教諭は「父親の恫喝に言葉では表現できないほどの強い恐怖を感じた」と証言しているが、父親から虐待を受けている女児はそれ以上の恐怖心があったことが想像できたはずだ。しかし、教育委員会も学校も女児の置かれている環境に配慮することができなかった。子どもの権利を守るべき教育者として、あってはならない対応だったといえるだろう。

そして1月15日には、さらに信じられないことが起こる。父親は女児が書いたという同意書を持って、いじめアンケートを手渡すよう教育委員会を訪れた。その際、父親にアンケートを手渡してしまったのである。女児に書かせたアンケート用紙の冒頭には「ひみつをまもりますので、しょうじきにこたえてください」「なまえをかきたくないばあいは、かかなくてもかまいません」とある。「ひみつをまもります」と書いてあったにもかかわらず、学校側は父親に渡してしまったのだ。

アンケートを渡したことは子どもとの約束の反故《ほご》であり、「児童福祉法第1条」に明記されている子どもの権利に対する意識が低かったといわざるをえない。

1月16日、要対協実務者会議が開かれ、事例の検討が行われた。その場で児童家庭課が説明を行い、児童相談所が追加報告をした。しかし、出席していた教育委員会からは父親からの恫喝の内容や念書、アンケートのコピーを父に渡したことは、いっさい報告されなかった。

当時の女児は児童相談所による一時保護が解除され、近くに住む父方の祖父母宅に身を寄せていた。そのため、教育委員会と学校側は、もう虐待による影響は少ないと勝手に認識してしまったのである。

本心が書かれていなかった女児の手紙

アンケートのコピーを渡してからわずか2日後、突然、女児は別の小学校に転校することになった。それは父親が虐待の事実をこれ以上詮索されないよう、すべてをリセットする意図があったのではないかと推測される。

転居せずにほかの小学校に転校するには「学区外就学指定校変更願」という書類を提出する必要があり、手続きには教育委員会や転校先校長の同意が必要だ。これまでの流れを見ると、父親に詰め寄られたため、学校側は言われるがまま屈してしまったのではないか思われてもしかたないだろう。

1月17日、女児が通っている小学校から別の小学校への転校手続きが行われ、1月18日に女児は転校。「父親が転校を希望したから転校させた」という安易な背景が見て取れる。

一方、1月17日に家庭訪問をしたことによって転校の事実をつかんだ児童相談所は1月22日、新しく通う学校に対して当該家族に関する説明を行ったのだが、以前通っていた小学校も児童相談所も父親がこれまでに見せていた異常性についてはまったく伝えていなかったのである。

それどころか、児童相談所は転校先の小学校に対し、「父親からのこうしてほしいという希望には、できる範囲で応えるようにするといい」と伝えていたというから驚きである。ここでも父親の怒りに触れないようにすることが女児を擁護すべき権利より優先されてしまっているのである。

1月23日には女児の妹が健康診断を受診したことが保健センターから児童家庭課に情報提供された。このとき、児童家庭課の職員は保健センターに対し、「父親には二人きりで会わせない約束になっている」と伝えた。しかし、児童相談所から野田市に伝えられた一時保護解除の条件は二人きりでもそれ以外でも、とにかく「父親は子どもに会わない」

という約束だったのである。
2月26日、児童相談所の職員3人が父方の祖父母宅に家庭訪問を行って女児との個別面接を依頼したが、拒否され、泣き出した女児は別室に移動してしまった。祖父は「今後の児童相談所とのかかわりを拒否する」と主張し、父親に連絡して、その場に呼んだのである。父親は法的根拠を質問し、「女児を自宅に連れて帰る」と言い出し、そこで女児が書いたという署名つきの「手紙」を出してきた。

「お父さんに叩《たた》かれたというのは嘘《うそ》です。山崎小学校の○○先生にきかれて思わず言ってしまいました。お父さん、お母さん、妹、○○（親族の呼び名）にたくさんの迷惑をかけてしまいました。ごめんなさい。ずっと前から早く4人で暮らしたいと思っていました。この間のときにも言いました。お父さんに早く会いたいです。児童相談所の人にはもう会いたくないので来ないでください。会うと嫌な気分になるので、今日でやめてください。お願いします」

この「手紙」を見た児童相談所は、「自宅への引き取りはいいとは言えない。会議で報告する」と伝えている。

女児の気持ちや性的虐待の事実、医師の診断など、これまでの調査を踏まえれば、この時点で一時保護は解除すべきでなかった。

また、父と父方の祖父母の関係は、ヒアリングによると「良好である」と認識していたことを踏まえれば、父方の祖父母宅に引き取ったとしても父親の影響を排除することはできないことはわかっていたはずだ。不適切だという判断は可能であったし、引き取りをさせるべきではなかった。

仮に引き取ったとしても、「継続指導」という援助方針ではなく「児童福祉司指導」という文書によって指導内容などを示したうえで在宅指導を行うべきだった。

2月28日、児童相談所は女児を父母宅に帰すことを認めた。それを受けて援助方針会議を開催したのだが、このときは親族の体調不良などによって親族宅での養育は難しいという状況であり、父母宅に戻すことを考えるのか、それとも、あらためて一時保護が必要なのかを検討した結果、虐待の再発が認められないことなどを踏まえ、実父母宅に戻すことを決定したのである。

そして3月初旬、女児は親族宅から実父母宅に戻って生活を開始することになったのだ。

3月10日、父親が女児を迎えにきた。児童相談所のなし崩し的対応が背景にあり、学校からの父親の出迎えに関する質問に関しても、児童相談所は「やむをえない」との返事をしたのである。

3月19日、児童相談所職員が小学校を訪問し、女児と面接を行った。

じつは以前の訪問で父が見せた女児が書いたという手紙について尋ねたところ、手紙を書いたときは父親が仕事でいないときで、母親に会うためにアパートに帰っていた。そのときに父親から母親にメールがあり、女児に「こういう手紙を書くように」という内容が書いてあり、女児はそれを見ながら書き写したというのが真相だった。

職員が「じゃあ、そこに書いてあったのは（女児の）気持ちとは違う感じ？」と尋ねると、女児は「お父さんとお母さんに早く会いたい、一緒に暮らしたいと思っていたのは本当のこと」と回答。その言葉を重視してしまい、女児を一時保護することはしなかった。このタイミングでも女児を救う機会が失われてしまったのである。

この日、児童相談所が小学校で女児に面接したあと、それを知った父親が抗議してきた。「今後、児童相談所に会わせるな」と主張する父親に対し、小学校が「それはできない」と回答。児童相談所と女児が勝手に面接をしたことで、3月20日から23日まで女児が学校に登校しない事態となってしまう。

父親は「児童相談所が面接したからだ」と言っていたが、女児は病気などではないため、「教育ネグレクトにあたるために（家庭）訪問した」と言うこともできたはずだ。

たび重なる情報共有ミス

4月2日、新年度を迎えたことで、野田市および児童相談所も人事異動があり、新しい担当者になった。担当が替わったときは、その時点で個別支援会議が必要である。その際、すべての情報を集めてこの事例の全体像をまとめていれば、危険度の判断が引き継がれ、適切な判断が可能だった。

しかし、児童相談所は異動にともない、父親に対して課長を含む担当者の連名で手紙を送付した。これは市にまったく相談なく書かれたもので、送付されたあとも市には知らされていなかった。

手紙では児童相談所のかかわりを終了する条件として、「子どもが自由に発言したり表現できたりするしくみが、ウソをつく・困らせる行動ではない方法でできること」「女児が元気でいることがみんなにわかること」という二つを挙げている。

一つ目は女児がウソや困らせる行動を取っているという前提であり、親ではなく女児が一方的に変わることが児童相談所とのかかわりの終了の条件となっている。父親がこの手紙を利用して女児に見せた場合、関係機関の信頼は低下してしまい、面談の相談意欲を失わせる危険がある内容だ。

4月18日、小学校側からの個別支援会議の依頼があり、初めての個別支援会議が開かれた。しかし、この時点になっても、2月28日の児童相談所での援助方針会議で家庭復帰を認めるという決定が下されたことが学校にも児童家庭課にも伝わっていなかった。通常なら、家庭復帰の際、関係者会議を開催して周知させ、見守りなどの協力を求める。ところが、4月28日の授業参観には父親が参加していたのである。

学校から週末の宿題として出されている女児の日記でも土日は父と一緒にいることが多いことが明らかになっている。児童相談所は援助方針会議で家庭復帰の判断を下したのだが、市の児童家庭課や学校側はそれを知らされていなかった。情報共有がなされていなかったのである。

悪化の一途をたどる身体的虐待

父親は7月10日ごろから女児に対して、わざと家族から疎外するような言葉を吐いたり、長時間にわたって廊下や浴室、玄関に立ち続けさせたり、屈伸することを無理強いしたり、さらに体にあざが残るような身体的虐待をし始めた。

7月13日、女児が「胃腸炎」で学校を4日間欠席した。学校は3日欠席した場合は家庭訪問をするが、このケースでは訪問すべきか悩んでいたという。なんらかの理由をつけることで、このときに家庭訪問ができたはずである。4月から家庭復帰して自宅で家族4人で暮らすようになったのだが、このころから再び父親は女児を虐待するようになっていった。

7月24日、女児の妹の健診だったのだが、受診した親子のなかで唯一、女児の父親が参加していた。父親が子育てへの意欲を強調することに違和感を抱いたとはいえ、関係者は虐待が進行しているとの想像は働かなかったという。

「父親はウソをついているようには思えない」との積極的な言葉もあり、職員のあいだでは危機感を募らせることはなかった。通常、虐待事例では関係者間で意見が異なる場合は危機感が強いほうを重視して、より慎重に判断すべきだが、父親の表面的な行動によってマスキングされてしまったのである。

7月30日の早朝、女児はトイレにも行かせてもらえず、浴室で便器を使わせずに用を足させ、その排泄物《はいせつぶつ》を女児の右手に持たせ、父親が携帯電話機で撮影するという異常な行為を強要した。排泄物を素手で持つことに嫌悪感を覚えるのは当然であるし、さらに、そのような姿が撮影されることは子どもの人権をないがしろにしており、恥辱と屈辱以外の何ものでもない。

この時期は一時保護解除後の初めての夏休みであり、長期にわたるため、危険な時期だということは関係者もわかっていたはずだ。しかし、家族の夏休みの計画も把握していないし、夏休みの支援計画も立てられていなかった。慎重な計画を立てておく必要があったのはいうまでもない。

公判によれば、この時期の女児は児童相談所や行政に助けてもらえなかったことで、父方の祖父母を頼っていたことが明らかになった。女児の絶望感はどんなに大きかったか想像にかたくない。

「沖縄県糸満市に帰省している」

9月を迎え、新学期が始まったのだが、女児は9月3日から7日まで登校しなかった。9月3日の父親からの電話では、「母方の親族の状態が悪く、糸満市に帰省している」とのことだった。

父親がひとりだけ野田市に残って母と子ども二人を糸満市に帰省させることは、これまでの経緯からは考えにくい話であり、「本当に帰っているのか」と疑問を持っていた関係者は少なくなかった。しかし、この時点で糸満市に連絡を入れるとか、家庭訪問するという行動はなかった。

ケースワーカーは、「これ以上、休むようであれば、糸満市に連絡を取って所在を確認しようと思った」とのことだ。しかし、9月10日から女児が学校に出席し始めたことで、連絡はせず、そのままになってしまう。少しでも危惧を感じたのであれば、あとからでも糸満市に連絡して真偽も含め、母方の実家に確認することができただろう。

また、女児が9月10日から登校してきたとしても、母と妹が地元に残っているのであれば、この段階でも個別支援会議およびそれに向けた情報収集のために児童相談所と市が家庭訪問を行うべきだった。

そうすれば、母親と妹が糸満市にいるのか、女児と父親の居場所は父方の祖父母宅なのか、自宅で父親と二人なのかについても確認することが可能だったはずだ。もし女児と父親だけで生活していることが判明すれば、命の危険があると即座に判断できたはずである。

9月10日、小学校側は児童相談所にその日の女児の様子について連絡を入れた。「女児から聞いたところでは、（病気であるとされる）母方の親族は入院していないらしい。女児は顔色が青白く、調子が悪そうだ。話しているときも視線が外れやすい印象もあった。『何かあったら話しておいで』と声がけをしている。調子がいいときは笑顔なども見られるが、時折、調子が悪そうな面もあり、めずらしくだらしない姿勢で座っていたり、上履きを脱いでいたりすることもある」と報告した。

その翌日、女児は父方の祖父母宅から通学していることが確認された。9月から父方の祖父母宅から通学するようになって女児の表情がよくなっていったことや、女児を手元に置きたがっていた父親が祖父母宅から通うことを許していたことで、学校は安心してしまったのである。

そして10月23日、児童家庭課から学校に確認があり、女児の話では母親と妹が野田市にいるとのことであるが、「1学期は頻繁に迎えに来ていた母は、このところ迎えに来ない」と学校から児童家庭課に報告があった。

11月7日、父方の祖父母と同居している親族から小学校に対し、「女児の上履きを洗っていたら薄く鉛筆で落書きがあった。からかわれたり、いじめにあったりしていないだろうか？」と心配の電話があった。さらに、父方の親族は「怖いので、父親にはこのことは知られたくない」と話した。

学校で調査を行ったところ、誰が落書きをしたのかについては不明だったため、学級全体への指導を行った。女児には下校する前に「(この件については)父方の祖母に連絡しておくから」と伝えると暗い表情になり、家に帰ろうとしなかった。しかし、父方の親族とは「父親には言わない」と約束したことを伝えると、女児はそこで納得して帰宅している。

この時点で小学校側は以前、女児のことを悪く言っていた父方の祖母および同居している父方の親族の態度が変化していることを好ましく思っていた。また、自分の手元に女児を置いておきたがっていた父親が父方の祖父母宅に預けていることも好ましい変化と感じてしまったのである。

女児は、しばらくは父方の祖父母の家で生活をしていたのだが、父方の祖父母の都合で、年末から年始にかけて再び家族が女児を引き取ることになった。

体の見えない部分に集中していた外傷

年が明けた2019年1月7日、父親から母方の親族の具合が悪く、女児は糸満市にいるため、学校を1月いっぱい休ませるとの連絡があった。

1月中ずっと休ませることは、まず常識では考えられないため、疑問を抱くのは当然だろう。学校に行かせたくない理由は虐待発覚を恐れているためであるということは想像がつくはずだ。

今度、女児が糸満市にいると言って登校しないときは糸満市に連絡するつもりだったのだが、このとき、ケースワーカーは産休に入っており、それが実行されなかった。また、この時期、児童家庭課では、「いつ亡くなってもおかしくない事例」で、焦りと緊張感を持って対応している事例をほかに5件抱えていたため、児童相談所に一時保護を進言したが、実行に移すまでにはいたらなかった。

その後の公判で明らかになったのだが、12月30日ごろから1月3日ごろまでのあいだ、父親は女児の両腕を引っ張り上げたあとに離して床に打ちつけさせる、顔面および胸部を圧迫し、または打撃するなどの虐待を行っていた。

また、この時期、母親は父親の暴力を制止しようとしたこともあったが、そのことに憤慨し、母親の胸ぐらをつかみ、顔面を平手で殴り、押し倒して馬乗りになり、立ち上がった母の大腿部を足で蹴る暴行を加えたのである。しかし、母親は警察や児童相談所には通報しなかった。

そして1月24日、ついに悲劇が起こってしまう。

22日から24日までのあいだ、女児は食事をまったく与えられず、長時間にわたってリビングや浴室に立たせ続けられ、肌着のみの状態で暖房のない浴室に放置された。また、首のあたりをわしづかみにされ、シャワーで冷水を浴びせかけると、うつぶせにし、背中に座り、両足をつかんで体を反らせるなどの虐待が行われていたのである。

また、午後10時ごろ、女児は浴室に連れていかれた。ドーンという音が1、2回したあと、女児が動かず、息をしていないため、父親は寝室にいた母親を呼びに行ったことが公判で明らかになっている。

父親からの通報で駆けつけた救急隊員が浴室で女児が倒れているのを発見し、自宅で死亡が確認された。女児は飢餓状態および強度のストレス状態に起因する「ケトアシドーシス」などの症状に陥り、これにもとづくショックもしくは致死性不整脈または溺水によって死亡した。

ケトアシドーシスとはケトン体が血中に大量に蓄積することによって血液が酸性（アシドーシス）になっている状態をいい、これ自体がショックや致死性不整脈を引き起こす。

千葉県警は翌日25日に父親を、2月4日に母親をそれぞれ傷害の容疑で逮捕した。女児の体のあざは腹部など服の上から見えない部分に集中していた。これは父親が虐待が発覚しないよう暴力を加える箇所を選んでいた可能性があるとされている。また、13時間にわたって休まずに立たせる暴行を加えたり、死亡する2日前には父親が女児を立たせたまま眠らせなかったりという虐待を行っている。

裁判の結果、母親は懲役2年6カ月。保護観察付き執行猶予5年、父親は懲役16年（求刑懲役18年）が確定している。

悲劇を招いた「条件の食い違い」

この事件では一時保護を解除する際の条件の食い違いが大きくその後の対応を分けてしまった。

援助方針会議の記録にあるように、もし「二人きりでは会わせない」のであれば、祖父母宅に父が滞在することも可能となり、さらに母と女児と3人で一緒に外出することも可能になる。父親の支配性を考えれば、かなり危険度が高くなり、その条件自体が問題となる。しかし、野田市では児童家庭課も学校も「まったく会わない約束」と捉えていたのである。

児童相談所は第一に被虐の児童を守らなければならない。個人的な経験で恐縮だが、保護者から怒鳴られたり、恫喝されたりしたことは日常茶飯事で何度もあった。保護者とはいい関係を保ちたいと誰もが思うが、児童に寄り添えば、保護者に寄り添うことができないこともある。

恫喝されたからといって、ひるんではいけない。アンケートを渡してしまったことも案件の全体像を見ようとする意識が薄いといわざるをえないだろう。

また、行政は長期の休み明けにいつも学校を欠席するという不自然さに気づくべきであったし、父親が母方の実家とは距離を取っていたことなどから、危機感をもっと持つべきであった。女児が少なくとも12月までは生活していたと考えられる父方の祖父母宅に連絡を入れていれば、祖父母も危機感を持ったかもしれない。まったく行動を起こさなかったことが女児を救えなかった大きな原因と考えられる。

女児は両親の関係性についても児童相談所の職員に伝えていた。裁判において、職員は「母親は虐待に関して父親に注意したけれど、やめてくれなかったと（女児は）話していた」と証言している。

修羅場のなかで、大人たちの心に女児を絶対に守り抜かねばならないという思いは、いったいどの程度残っていたのだろうか。

第4章

札幌2歳女児衰弱死事件

わずか6キログラムになっていた2歳女児

2019年6月5日午前5時ごろ、北海道札幌《さっぽろ》市に住む飲食店従業員でシングルマザーの母（当時21歳）が自宅マンションから「子どもの様子がおかしい」と119番通報した。救急車が到着したときには、母は長女（当時2歳）に心臓マッサージを施していた。部屋には交際相手の飲食店経営の男（当時24歳）がいた。

このときは、すでに女児は心肺停止の状態で、午前5時40分、搬送先の病院で死亡が確認された。直接の死因は衰弱死だった。体重は2歳児の平均の半分、わずか6キログラムしかなかったという。

女児には死亡する2週間ほど前から食事を与えられていなかった。長期間にわたる育児放棄、いわゆるネグレクトだったのである。頭部や顔面などにケガの跡があり、たばこによるやけど痕も見つかったことから、日常的に虐待があったことが判明した。

この女児に暴力を加えていたとして、同日午後11時43分、母の交際相手を傷害の疑いで緊急逮捕。そして翌日6日の午前7時25分、母親も逮捕された。

図表4 | 札幌女児虐待事件の相関図

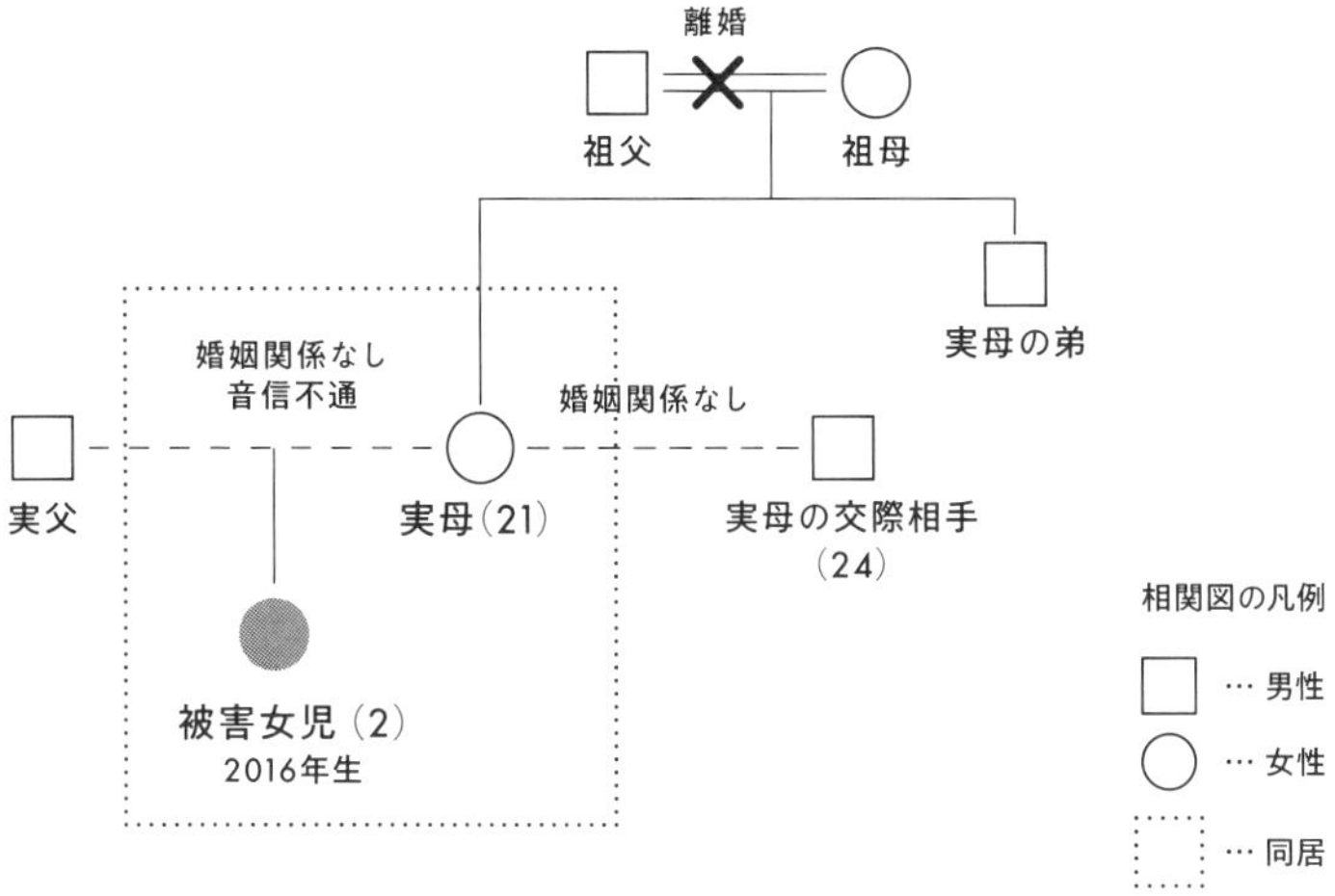

女児が生まれたときの家族構成は母親と女児以外に女児の祖母（実母の母親）、女児の叔父（実母の弟）と4人暮らしであったが、女児が生後2カ月の時点で祖母宅から独立し、別住所に転居。その後は女児が2歳3カ月になった時点で母親は別の場所に転居している。

ネグレクトが最悪の結果を招いてしまったこの事件だが、いったい、どういった経緯で事件が起こったのか。札幌市子ども・子育て会議児童福祉部会による調査資料を参考に検証してみたい。

交際相手の暴力で人工妊娠中絶を経験

この母親は児童相談所での相談・支援経験があった。2013年7月から2014年3月、15歳のときに児童相談所での相談・支援歴があり、心身の不調で医療機関を受診している。

そして2015年12月18日、17歳のときに妊娠していることが判明し、妊娠9週目に保健センター母子保健担当に届け出をして母子健康手帳が交付された。その際、妊娠届出書に添付されたアンケートには、妊娠をうれしく思う一方、交際相手との関係や経済的問題に心配な点があること、自身に情緒不安定さがあることなどを、みずから記載している。

母子保健担当は、このような背景を鑑みて、未婚での妊娠であること、当時住んでいた地域の保健福祉部の生活支援担当が関与していることからハイリスク妊婦と判断し、継続的な支援が必要だとの判断で、保健師による支援を行うことにして支援を開始した。その後、保健師は支援のために連絡を取り、家族状況などの確認をするが、連絡しても応答がない日が続いた。

年が明けて2016年1月18日、母親は人工妊娠中絶手術を受けた。その10日後の28日になって保健師が妊娠経過の確認のために医療機関に連絡したところ、人工妊娠中絶をしていたことが発覚したのである。

その際、医療機関から交際相手からの暴力によって中絶をせざるをえない状況となったとの情報を受けた。その結果、妊婦ではなくなったことを踏まえ、母子保健担当の保健師による支援は終結となったのである。

しかし、妊娠を繰り返す可能性があることから、生活支援担当者は気になる情報があれば連絡してほしいと依頼している。今回の被害者となった女児を出産する前に、母親はDVによって中絶を余儀なくされたことで深い傷を負ってしまう。

それから約5カ月後の6月8日、再び妊娠していることが判明し、母子保健担当に届け出を行っている。このときの母親の年齢は18歳。そのため、保健師は母子健康手帳を交付し、再び支援を開始することになった。その後、生活支援担当者が世帯訪問や面談などを開始したが、8月に入り、また保健師も連絡が取れない日が続いた。

9月に入ってようやく連絡が取ることができ、家庭訪問日を決めたのだが、当日になって自宅を訪問すると不在だったため、この時点では面談ができなかった。

10月に入り、連絡がついたことで、生活支援担当が母親と区役所で面談を行った。保健師も区保健センターで面談を行い、母親は妊婦のための教室にも参加していた。12月には出産予定病院の助産師から出産後の居所が不安で気になる妊婦として情報提供があったため、保健師が対応している。

引っ越しで途絶えた情報共有

12月3日、母親は無事に女児を出産した。しかし、担当者には連絡がなく、8日になって女児の祖母から生活支援担当に連絡があり、3日に女児が生まれたということを知ったという。

12日には出産した病院の助産師が支援として自宅を訪問し、授乳指導、沐浴《もくよく》指導などを行っている。一方、保健師は母親にずっと連絡を入れ続けていたのだが、つながらない日々が続いていた。女児の出生病院からの診療情報提供書を受理したところ、保健師は1月20日になって、ようやく12月3日に女児が生まれていたことを知ったのである。

翌21日、女児の誕生を知った保健師は母親に連絡したのだが、応答はない。22日に母親から保健師に連絡があり、27日の午前10時に新生児訪問を行うことを約束した。

ところが、27日に自宅を訪問したところ、またも不在で面談ができなかった。あらためて保健師は翌日に連絡を取り、新生児訪問日を年明け1月10日午前とすることを母親と約束したのだが、この時点になっても、まったく支援ができなかったことで、保健師は困惑していた。

年が明けて2017年1月6日、保健師は、あらためて訪問日を確認するために母親に連絡したが、応答はなかった。しかし、出産した病院で女児は1カ月健診を受けている。

1月10日は保健師が新生児訪問をする約束日だったため、母親の自宅を訪問したが、不在であり、面談ができず、いつものように不在連絡票を投函《とうかん》している。

同日、保健師は出産した病院に連絡を入れ、1カ月健診の状況について尋ねている。経過が順調であること、実家で祖母から育児の協力を得ていること、EPDS（エジンバラ産後うつ質問票）は11点であること、実家を出て働きたいなどの悩みがあるということを助産師から聞いている。

エジンバラ産後うつ質問票とはイギリスの精神科医ジョン・コックス氏によってつくら

れた10項目の質問票のことだ。最大30点で、9点以上で産後うつの可能性が高いとされている、札幌市の「妊娠期からの支援マニュアル」においては質問票の合計点数が9点以上であれば訪問支援を継続し、状況確認をすることとなっていた。

また、生活支援担当者が自宅訪問を実施して女児を確認したが、その際に母親から転居の意向があることを聞き、具体的な転居先、居住費用などについての考え方を聞いている。さらに、母親から直接、保健師に連絡して翌11日の面談を約束した。

11日には保健師が母親宅に新生児訪問を実施し、面接を行ったところ、発育は順調であること、愛着形成は良好であることを確認する一方で、実父である交際相手とは連絡不通であること、また、転居の意思確認をしている。

2月4日、母親は女児とともに祖母宅から独立し、同じ区内に引っ越しを行った。保健師は毎月連絡していたが、つながらず、その後の対話はできていなかった。家庭訪問もしなかったため、状況を確認できない期間が続いていた。

一方、生活支援担当者は転居後の2月21日に家庭訪問を行っている。しかし、この情報を保健師には提供することはなく、保健師が母子の転居の事実を知ったのは4月に入ってからだったのである。

母子の転居が判明したことで、旧住所の地区の担当保健師から新住所の地区を受け持つ担当保健師へと担当者が変更になった。引き継ぎについては支援台帳をもとに実母の成育歴、女児出産に至るまでのエピソード、転居によって環境が変わることによってリスクが高くなる可能性、4カ月児健診時の状況把握の必要性など書面ではなく口頭で引き継ぎが行われている。

この時点まで保健師と生活支援担当者との情報共有がなされていなかった。上司への報告は行っており、問題が表面化していなかったことで、この事例が要対協への情報提供の案件にはならなかったのである

「問題があれば連絡があるだろう」

年度が替わって4月19日、女児は4カ月児健診を受診した。身長58・4センチメートル、体重5・5キログラム。

健診担当医によると体格が小柄であったため、2カ月後に体格の経過観察のために来所

するようにと指示を行い、保健師も母親と面談したのだが、「早く帰りたい」と言い出したことで、短時間の面談になってしまう。授乳など生活リズムの確認、育児状況、祖母との交流、就労の意思確認をしており、現在のところ、育児は順調と評価していた。

それから2カ月後、経過観察となっていた6月になったのだが、経過観察のための来所はなかった。その後、7月にBCGの予防接種のため、保健センターに来所したが、面談は行っていない。保健師は8月、9月と母親に連絡していたのだが、つながることはなかった。そのため、この時期は具体的な問題が明らかになることなかったのである。

さらに、母子は10月に予定されていた10カ月児健診にも来所しなかった。保健師は11月にも受診確認のために連絡したが、つながらず、そのまま時間だけが経過していった。保健師は母親と連絡が取れなかったこともあり、経過観察ができず、体重の確認もできないまま、11月から2018年6月までのあいだ、母親と連絡を取ることはなく、女児の状況について確認しなかったのである。

保健師としては母親とほとんど連絡が取れなかったこと、生活支援担当者もかかわっていたことで、問題があれば連絡があるだろうという認識があり、放ったままになってしまったことが、この時点での問題だったのは間違いない。

一方、生活支援担当は保健師が連絡を取れていなかったあいだも母親の自宅を訪問し、成育状況や祖母との交流の継続を指示した。母親からは育児に関して祖母や保健師に相談していること、女児の実父とは音信不通であることなども聞いていた。しかし、そのことを保健師には情報提供していなかったのである。

6月14日、母親は女児の1歳6カ月児健診を受診した。身長68センチメートル（マイナス4・2SD）、体重6・75キログラム（マイナス4・1SD）。SDとは「標準偏差（Standard Deviation）」の頭文字で、標準身長からどれくらい離れているかを表す数値だ。

未歩行で身体発育、運動発達に所見ありとの判断により、担当医は身長、体重の数値が低いことに対して精密健康診査が必要とされ、「精密健康診査受診票」を発行した。

また、3カ月後に体格経過観察と運動発達確認のための来所を指示している。このとき、保健師は母親と面談し、女児の養育状況、予防接種の受診状況を聴取している。母親は今後の就労については、まだ考えていないと述べている。

1歳6カ月児健診において身長、体重の伸びなどで成長の遅延が認められたのであれば、これまでの経緯を知っていたら、ネグレクトの可能性が十分にあると想像がつくはずだ。関係機関に情報共有して虐待の可能性も視野に入れる必要があったのはいうまでもない。

それから2カ月後の8月30日、生活支援担当者が自宅を訪問して女児を確認している。この時期は予防接種や各種福祉手続きなどで、関係機関は、どうにかまだ母親と接点を持ち続けている状況であった。

「母親が飲み歩いている」……1回目の虐待通告

2018年9月28日朝、住民から「女児を託児所に預けたまま母親が飲み歩いている」と児童相談所に1回目の虐待通告が入った。

同日、その地域を担当する児童相談所の職員が託児所4施設に連絡したところ、女児が在籍している事実がないことを確認した。また、生活支援担当および保健師からも情報収集を行った。保健師は1歳6カ月児健診での運動発達の遅れのため、3カ月後(同年9月)に経過観察の予定であることを伝え、保育所の利用はないことも伝えている。

夕方には児童相談所の職員2名が母親の自宅を訪問し、母親と女児の状況を確認した。その際、母親は通告があった事実を否定したのである。職員も部屋の衛生状況、生活状況などを確認したところ、ネグレクトを含む虐待の事実は確認できなかった。そのため、訪問終了後、児童相談所で措置会議を行った結果、「虐待の事実はなし」と結論づけ、通告にかかる調査を終結している。

調査担当職員は訪問調査の結果を受けて生活支援担当者および保健師に情報提供を行った。

保健師に対しては、母親は女児が小柄であることを気にしており、保健師への相談の意思があること、また、携帯電話が故障していたということで早めに訪問することを依頼した。保健師は母子保健担当で継続支援を依頼されたが、児童相談所の職員が家の状況を見に行ってくれたことで、この母子が児童相談所の視野に入ったことに安心感を持ったという。

しかし、9月に実施するはずだった3カ月後の経過観察に母子は姿を見せなかった。10月10日、児童相談所の職員が祖母に連絡して母親の養育状況を聴取し、同時に育児支援の継続を依頼している。通告があったあと、保健師は母親に対して電話連絡や世帯訪問を引き続き行ったのだが、電話はつながらず、また、自宅も不在であったため、それ以降は連絡を取る行動をしなくなってしまったのである。

11月28日、生活支援担当者が母子の自宅訪問を実施した。その際、母親には新たな交際相手がいるということが判明した。それにともない、母親から「同棲《どうせい》を開始するため、生活支援からの自立をしたい」との申し出を受けた。その結果、12月1日付で支援の廃止を決定したのである。

この決定にあたり、通常なら交際相手の身辺情報を聞き出すのだが、母親からの要請を受けて交際相手との面談をしなかった。したがって、相手の生活状況や具体的な収入額などを把握することなく支援廃止を組織決定してしまう。

新たな交際相手の出現は家族関係に変化をもたらす可能性が強い。この男性にヒアリングすることなく生活支援を廃止するのは、あまりにも危険だった。

児童相談所がかかわっていれば、児童に関する家族関係を聞き出すのだが、第1回の虐待通告に対して「虐待非該当」となったことにより、頼みの綱は祖母、保健師、幼稚園、近隣住民からの情報だけになってしまったのだ。これでは案件全体を俯瞰《ふかん》で見ることはできない。

年が替わって2019年2月6日、母親は「認可外保育施設」に女児の一時保育の申し込みを行った。認可外保育施設とは施設の広さや設備などに関して国が定める基準を満たしていないため、認可はなく、国からの補助金もないが、保護者の多様化するニーズに応えるため、特色ある保育を提供する施設である。

申し込みを行ったものの、翌週の14日には月単位での契約に変更している。保育施設では月に1度、身体測定を行っており、当時の診断結果によると身長72・0センチメートル、体重8・5キログラムだった。施設には当初は週に複数回、女児を預けていたが、徐々に預ける頻度は低くなっていった。

3月に入ると、母子は別の区のマンションに引っ越しをした。11日、母親は住所変更の手続きや福祉手続きのため区役所を訪れているが、書類が不備のため、申請は受理されなかった。

保育士によると、当時の女児は体は小さめだが均衡は取れており、また、食事もよく食べることから、心配な子どもとは思っていなかったという。しかし、発育、発達に関しては遅れ気味であるとの認識は持っていた。身なりもきちんとしており、母親の女児へのかかわりも不自然な部分は感じなかったという判断だった。

また、登園時に、おでこにたんこぶがあったことがあるが、傷に対しては虐待の疑念は抱かなかったということだ。

「3月下旬、（交際相手からの）娘への暴行が始まった」と母は裁判で証言している。二人が交際を始めたのは2月。母がホステスとして働いていたススキノの店に交際相手が来たことがきっかけだった。同居するようになった3月には女児への初めての暴行があったほか、母親への暴言も始まった。そして母親が働いているあいだは交際相手が女児と一緒にいるようになる。

「泣き声通報」から2回目の虐待通告へ

2019年4月5日、転居先の児童相談所に住民から「昼夜を問わず泣き叫ぶ声が聞こえる」と2回目となる通告が入った。しかし、具体的な場所の特定はなかったため、職員は通告があったアパート内で未就学児童がいる世帯のうち2世帯に対象を絞った。そのうちのひとつだったこの母子に関しては2018年9月に児童相談所の取り扱い履歴があること、以前住んでいた区での生活支援の履歴があることを確認していた。

児童相談所の職員は母子が以前住んでいた区の生活支援担当に連絡し、この親子について生活支援を廃止したことに対する経緯を尋ね、また、保健師にも連絡した。保健師はこの母子については1歳6カ月健診の状況、また、依然として3カ月後経過観察には来所していないことを伝え、職員に医療機関の受診状況を確認するよう依頼している。

保健師は、この時点で初めて親子が別の区に転居していたことを知ったのである。そこで児童相談所の調査終了後、新たな転居先の区に支援台帳などを移管することを検討している。

職員はこの泣き声通告を受け、母親に連絡したが、つながらなかった。そのため、可能性のある2世帯を直接訪問したのだが、不在のため、どちらか判断することもできず、面談ができなかった。しかし、対象世帯のうちひとつの世帯から連絡があり、通告があったときの居所が確認できたことから、泣き声通告の対象はこの母子家族と特定されることになった。

4月9日、職員は母親に連絡したが、つながらなかった。しかし、すぐに母親から折り返しがあり、虐待通告時の状況を確認するために聴取したところ、早期の安否確認が必要であると判断し、母親にも説明した。

母親は交際相手宅の家にいて、「2月末に転居したが、交際相手宅にいることが多い。

通告にある時間帯についても、自宅にはいなかった。娘は元気にしている」という説明を受けた。調査担当職員は女児の早めの安否確認が必要であることを説明したのだが、母親は自宅に戻る時期が未定のため、戻り次第、再度連絡を入れると説明した。

このタイミングで交際相手宅の場所を聞くべきであったし、祖母に連絡して巻き込むこともできたはずだが、それが実施されていなかった。

この時点で、すでに「48時間ルール」が遵守されておらず、通告に該当する具体的な世帯の特定もできていなかった。前年9月の1回目の通告では虐待が疑われる状況ではなかったことから、2回目のときも立ち入り調査が必要な世帯であるとの判断にならなかったのである。

4月15日には母親が福祉手続きのため区役所に行き、その際に福祉助成担当が対応している。18日には職員が調査中のケースとして進捗状況を組織内で共有。その後も職員は母親に連絡を入れ、自宅にも訪問したのだが、不在のため、まったく連絡が取れなくなっていった。

4月23日、母親は女児を連れて認可外保育施設を利用したが、この日を最後に、それ以降はまったく利用しなくなってしまう。

この時期にいったい何が起こっていたのかについて、のちの公判で明らかになった。4月上旬には女児が交際相手のモンブランを勝手に食べたことに腹を立て、思いきり平手で床に倒れ込むまでたたき、洗面所に引きずっていった。

子どもへの暴行を否定している交際相手に対し、公判では「暴行は何度もあった」と母親は証言した。また、「(交際相手が)娘の頭を殴って泣き叫んだことがあった。暴行を見るたびにやめるように言った」「交際相手とのケンカをしたあと、娘にケガがあることに気づいた」と証言している。密室では虐待が行われていたのだが、明らかになることはなかったのである。

3回目の「泣き声通報」に無力だった夜間対応

5月12日午後10時ごろ、住民から警察に「泣き声通報」が入った。3回目となる通報だ。警察署員はすぐに現場に駆けつけたが、泣き声は確認できなかったという。

それから約1時間半後の午後11時30分、住所しかわからないが、児童相談所でのこれまでの取り扱いがあるかどうか確認することができるかと、警察署員が児童相談所に連絡した。夜間勤務中の一時保護所の職員が電話を受けたが、住所だけでは検索ができず、対応ができないため、翌日の開庁時に再度連絡してほしいと伝えている。

翌日13日の14時、まだ3回目の泣き声通報のことを知らない児童相談所の担当職員は女児の母親と祖母に連絡している。結局はつながらなかったのだが、このときの連絡理由は4月5日の2回目の通告以降、一連の状況確認のための連絡であり、前日の夜の警察署員と夜間勤務の職員との内容とは別で、その事実を知らないなかでの対応だった。

そして日中、職員が別の業務を行っているとき、警察署員から、あらためて前日の泣き声通報の連絡を受けた。そこで女児の氏名で対象となっている案件について照会を行ったところ、この母子についての児童相談所での取り扱いがこれまでに2度あったことが判明した。

この日、警察署員は母親と連絡は取れたものの、面会は拒否された。そのため、夜になって、警察署員から「2歳女児の安否が確認できない」と再び夜間勤務をしていた一時保護所の職員が電話を受けた。署員からは、「時間に在宅しておらず、どのように対応すべきか」との質問内容だったので、「確認したい」と伝えてから切ったという。

警察署員は母親と電話のやりとりをしていたとき、電話口の後ろから男性の声で、「勤務先に電話をするな」「弁護士を通せ」という怒鳴り声を聞いていた。その後、一時保護所の職員の上司が緊急出勤し、担当課長に対応の指示を仰いでいる。

22時40分ごろ、担当課長は警察署員と電話でやりとりを行った。警察署員は「なんとしても母子と接触したい。児童相談所からも連絡を入れてほしい」との申し出があり、電話口で男性が大声を出していることも報告され、かなり緊迫している状況だということを伝えている。同時に、「夜間であっても自宅の様子を見たい」との申し出があり、児童相談所に対して同行訪問を求めた。

児童相談所としては母子の所在が不明の状況では自宅前で待機することしかできないこと、虐待が疑われていて一時保護が必要であれば、すぐに対応するつもりだが、夜間で職員体制も整っていないという理由で、最終的に同行してほしいという要請を断ったのである。そのうえで児童相談所としては母親に連絡する対応を取ると伝えた。

そして担当課長は夜間職員に対し、「母親に電話をしてほしい。ただし、10回鳴らして出なかったら切ってくれ」と指示を出したが、母親は電話に出なかった。

警察署員は虐待の可能性が濃厚であり、自宅で女児が死亡しているという最悪の事態も想定しており、同行訪問ではなく強制的に自宅に立ち入る手法はないかということも尋ね、立ち入り調査やその他の必要な措置を考えていた。

正当な理由がなく立ち入り調査を拒否した場合には罰金に処せられることもありうるということを保護者に対して告知しなければならない。

また、立ち入り調査を拒否した場合、臨検、または捜索が行われる可能性がある旨を伝えなければならないのだが、警察署員と児童相談所担当課長とのあいだで認識のズレがあったのだ。

児童相談所は夜間や休日は「札幌南こども家庭支援センター」に業務委託をしていた。しかし、現場まで約1時間かかるので、このときはあえてお願いしなかったという。

過去に依頼して行ってもらったところ、不在だったために会えなかったり、連絡が取れなかったりしたケースがあったのと、すでに警察が捜している状況であったため、緊急度について判断することができないことから、センターへの委託要請にはいたらないと判断してしまったのである。

警察と児童相談所の齟齬

5月14日朝、担当課長は児童相談所長に対し、担当職員は警察署で母親と接触ができるのであれば接触したいと考えていること、また、可能であれば同行訪問も考えたいと伝えたのだが、警察側はこれまでの対応から、児童相談所が積極的に訪問したいという意向には受け取れなかったのである。

12時ごろ、警察署員から再度連絡があり、祖母の仲介で5月15日の夕方に訪問の約束が取れたこと、また、祖母から「母親が拒否的な態度を示す可能性がある」と言われたため、児童相談所職員の同行は難しく、警察が訪問するまでは児童相談所からの連絡は控えてほしいことが伝えられている。そのため、児童相談所は同行することなく、警察側からの訪問結果の連絡を待つという判断を下した。

最終的に警察側が単独で母親宅を訪問したのだが、その後の話では、「児童相談所の訪問は控えてほしいということは言っていない。逆に児童相談所は訪問に消極的であるとの認識を持った」とのことで、両者の認識は異なっている。

5月15日17時15分ごろ、児童相談所の職員は警察署員からの連絡で16時ごろに母子との面会を行った結果の報告を受けた。

「女児は元気で虐待が心配される状況ではない」という結果であった。1センチメートル未満のあざ、また、足の裏に絆創膏《ばんそうこう》があったが、母親によると暴力でできたものではなく、台所で台に上がろうとして転倒してできたものだと話したという。また、足の裏の絆創膏は女児がヘアアイロンを踏んでしまってできた傷跡だと言った。

通告があった泣き声に関しては、母親は女児がお風呂に入るのをいやがって泣いていたと釈明。女児がよく泣くことについては自閉症でないかと悩んでおり、児童相談所に相談しようと思っているという話が伝えられている。

職員は「母親が相談したいという意思があるのなら、児童相談所としても面会をしたい。自宅への訪問も続けたい」ということを警察署員に伝えた。そして、この内容を担当課長に報告。この段階で5月12日の3回目の通告および2回目の4月5日の通告について、「該当するのは、この母子である可能性が高いが、虐待の事実はない」と判断して調査を終了したのである。

理由としては警察が直接確認をしており、信頼の置ける関係機関からの情報であることから、児童相談所として訪問確認をしなくても、「虐待の事実がなかった」と判断してしまったのである。

児童相談所は、その後、女児の成長発達に関しての相談に切り替えた。しかし、5月17日、22日に職員が母親に連絡を入れているが、つながらず、6月4日には家を訪問したのだが、不在だったので面会できなかった。結果的に、それが最後の訪問になってしまう。

1度しか守られなかった「48時間ルール」

6月5日午前5時ごろ、母親から通報を受けた救急隊が出動。自宅に到着したときには2歳の女児は心肺停止状態であり、すぐに病院に搬送されたが、同5時40分、死亡が確認された。

母親の交際相手の男性（当時24歳）は6月5日午後11時43分、母親は6日午前7時25分、傷害容疑で逮捕された。また、27日には保護責任者遺棄致死の容疑で再逮捕されている。

札幌地方検察庁は7月18日に交際相手男性を傷害致死罪で、実母を保護責任者遺棄致死罪で起訴した。

女児は全身にあざややけどがあり、亡くなったときの体重が同年代の半分しかない6キログラム程度だった。死亡当日の午前2時ごろ、交際相手の男性は女児に立つよう強制する。しかし、立ち上がることができなかった女児の髪を引っ張り、立つように暴行をはたらいた。その約3時間後、女児は死亡が確認されたのである。

交際相手の男性は女児の母親の自宅で殴ったり踏みつけたりしたほか、たばこの火を押しつけるといった暴行を加え、頭の骨折や硬膜下血腫を負わせた。さらに、二人は5月中旬から衰弱している女児を放置し、多臓器不全と低栄養状態に陥らせた。

司法解剖した医師は、「腸内からはホコリや毛のようなものが見つかり、ゴミを食べていた可能性がある」と証言。下腹部の皮下脂肪は3ミリだったとする証拠を提出していて、「体重を維持するための食事を取っていない状態。2週間から3週間で急激に体重が減少し、低栄養状態で死亡した」と指摘。免疫に関する臓器（胸腺《きょうせん》）がかなり萎縮していて、「数カ月以上、強いストレスを感じていたと見られる」と証言。

これらの虐待が続いた結果、女児は衰弱死にいたったのである。

裁判では母親として衰弱に気づかなかったのかと問われると、「もともと小柄なので、極端に衰弱しているとは思わなかった。イヤイヤ期で食べなかったためだと思っていた」と弁解した。結果的に女児は母親からはネグレクト、交際相手からは身体的虐待を受け、関係者からの連絡も母親が拒否していたため、どういった状態にあるか明らかになることはなく、女児の悲痛な叫びは外に伝わることはなかったのである。

この事件で児童相談所の「48時間ルール」が守られたのは最初の1回目だけで、あとの2回は守られていなかった。母親とはほとんど連絡がつかなかったため、踏み込むことはできなかったのかもしれないが、3回も通報があれば、虐待はほぼ間違いないと判断し、さらに一歩踏み込むべきだった。

その後の関係者への取材で、母親とこの男性は自宅で飼っていた13匹のネコに食事も与えず、飼育放棄していたことも判明した。室内はネコの糞《ふん》や尿で汚れた状態で、女児はこのような劣悪な環境下で生活しており、母親がほぼ不在で、ずっと放置されていた。

母親は懲役9年、一方、交際相手は懲役13年の実刑判決だった。どちらも判決を不服として控訴したが、棄却されて実刑が確定している。

この事件を受け、札幌市では児童虐待防止対策を強化し、2022年11月には宅配業者であるヤマト運輸と児童虐待防止のための協定を結んだ。これはセールスドライバーが集配業務中に虐待を受けていると思われる子どもを発見した場合、市や児童相談所に通告するというものだ。また、集配トラックや台車に虐待対応ダイヤル「１８９」のステッカーを貼りつけるなど防止策を強化している。

第5章

富田林女児置き去り死亡事件

複雑すぎる被害女児の家族構成

2022年6月29日、大阪府富田林《とんだばやし》市の自宅で2歳の女児が熱中症のため死亡した。死亡翌日に保護責任者遺棄罪の容疑で逮捕された女児の祖母と交際相手である男性は事件当時は大阪市のユニバーサル・スタジオ・ジャパン（USJ）に遊びに行っていたと供述。

この事件は特異な家族関係で起こった身体的虐待、そしてネグレクトが招いた最悪の虐待事件といえるだろう。この事件の経緯を追っていくうえで、実の母親と父親は登場しない。逮捕された祖母は当時46歳で、交際相手の男性は50歳だった。

この男性は6月24日から27日にかけて約57時間、女児の両手両足を粘着テープで縛り、ベビーサークル内に閉じ込め、2日間でコップ1杯の水のみしか与えず、室内温度の調整もせずに熱中症で死亡させたとして、7月20日には逮捕監禁の容疑で再逮捕された。8月8日には逮捕監禁致死の容疑で追送検。8月10日には保護責任者遺棄致死と逮捕監禁の罪で起訴された。

この女児の家族構成は複雑で、事件発生時には5人で生活していた。祖母、交際相手の男性、被害女児の3人以外に第一発見者である祖母の4男の15歳と、交際相手の男性との子どもである5男の5歳と生活をともにしていた。女児の育児には同居の男もかかわっていたという。

なぜ、祖母が3男の子どもを育てることになったのか、また、一家5人で暮らしていたにもかかわらず、なぜ虐待が明るみに出ることなく最悪の結果になってしまったのか、富田林市が発表している検証結果報告書を参考に考察してみたい。

風呂場で溺れたことで継続的な指導が開始

この虐待事件は突然起こったわけではない。事件からさかのぼること約2年前の2020年6月8日、「大阪府富田林子ども家庭センター」(児童相談所の役割を担う機関で、この章に表記される「センター」という名称は、いわゆる児童相談所と同義である)に医療機関から1件の虐待通告があったことから始まっている。

通告内容は祖母が目を離したあいだに女児が風呂場で溺れて一時心肺停止状態になった

ことがきっかけだった。センターは調査の結果、安全配慮不足のために起こった事故と判断し、継続的な指導を行うことになったのである。

その後、10月に富田林市への事案送致となってからは市が主担当として支援を継続し、要対協の会議にはセンターも出席し、情報共有を行っていた。ちなみに事案送致とは虐待案件の取り扱いの権限と責任を別の機関に移すことをいう。この時点では富田林市が取り扱う案件となっていた。

話はさらに1年4カ月前の2019年2月13日にさかのぼる。市の要対協は祖母の3男とその妻が10代ということで、まだ若年であり、妊娠中から出産後の養育に向けた支援をする必要があると判断したため、市の「こども未来室」と「健康づくり推進課」が特定妊婦として支援を開始した。そして2019年7月12日、女児が生まれたのである。

年が明けて2020年1月16日、「こども未来室」が家庭訪問を行った際、女児の父親である3男と女児は在宅していて、職員は養育支援のため、保育所入所を勧奨している。また、翌日には女児の4カ月児健診が未受診だったため、受診を父親にすすめている。ところが、1月27日に、こども未来室は祖母と3男である女児の父親から、離婚して自分が親権者となり、女児は富田林市内の祖母の自宅で生活を始めたということを告げられる。

図表5　富田林市2歳児童死亡事件の相関図

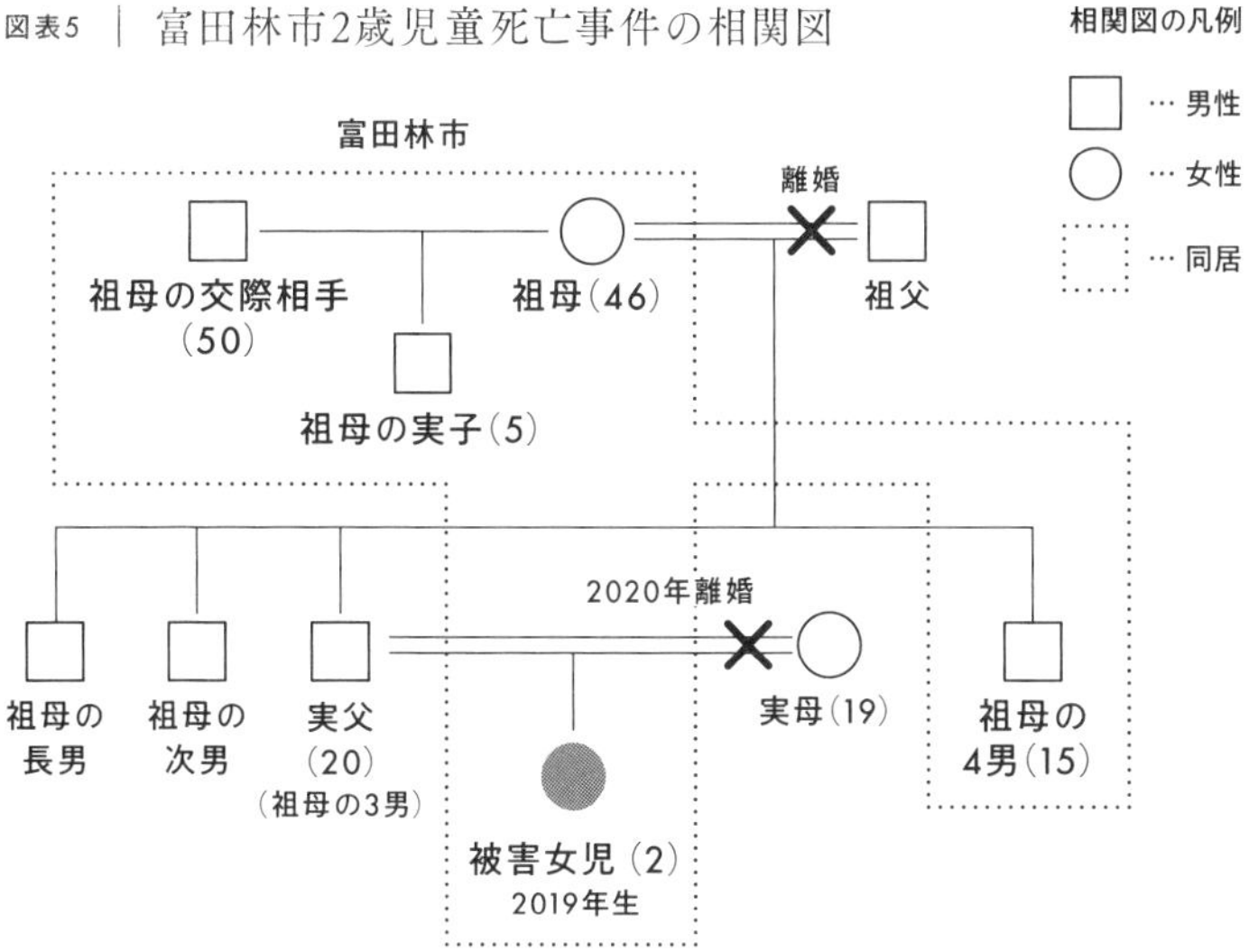

離婚に関しては、この時期、父親が女児の前で実母に暴力を振るったことで、警察は「心理的虐待」と判断した経緯があり、それが引き金となった結果だと考えられる。

1月30日には父親がこども未来室に連絡し、「祖母から（女児を）里親に育ててもらうためにセンターに行くと言われた」と話している。

同日、こども未来室が祖母に連絡。祖母は「（女児に）情はある。3男には父親になった以上、育てていく覚悟はしっかり持ってほしい。里親に心から預けたいと思っているわけではない」と話した。

離婚によって女児の親権者は3男と

なったが、父親としてひとりでの養育は困難なため、3男とは別の場所で暮らしている祖母の家で女児が養育されることとなり、祖母が保護者となったのである。こども未来室は祖母から「女児は自分の家で実子らとともに生活を始めることになった」と聞いた。

2月3日には父親である3男と女児、祖母の3人が、こども未来室に来庁。父親と祖母は「女児は祖母の家で生活をするが、父親は祖母の家では同居しない」ということを話している。そこで一時保育の利用状況の確認や保育所入所の支援を開始した。

4日には祖母と女児が約束健診という4カ月児健診の代替となるものを受けた。そして10日に開かれた市の要対協ではネグレクト、心理的虐待は中度と判断。また、主担当はこども未来室となった。

17日になって祖母が健康づくり推進課に連絡して女児の発達が心配だと発達相談を予約し、3月11日に祖母からの依頼を受け、こども未来室が家の近くにある保育所の空き状況について確認して祖母に連絡した。

また、3男である父親が、こども未来室に連絡して「母親は何かというと、子ども（女児）を児童相談所につれていくと言ってくる。孫より実子のほうがかわいいと言う」と話していることも明らかになった。

ここで事件の鍵となる重要な発言があった。実子というのは当時5歳になっている内縁の夫とのあいだにできた5男のことで、女児とは別の幼稚園に通っていた。

それから約1週間後の17日、健康づくり推進課で女児の発達相談をしている。発達は年齢相応で問題はなかったが、保育所に通えば、大人がかかわるため、より情緒面の安定が見込まれるということを助言している。

年齢相応とはいえ、祖母が女児の成長発達に懸念を示しているということは、ネグレクトや心理的虐待のリスクアセスメントを行う際の重要な情報となる。見た目の印象やその時点の情報だけで子どもの状態を判断するのではなく、身長、体重など子どもに起こっている出来事や環境の変化と照らし合わせ、総合的にアセスメントすることが重要だった。

把握されなかった家族の背景

そして上述した第1の事件は、それから約3カ月後の2020年6月8日に起こった。

祖母が目を離したことで、女児が入浴中に溺れて一時心肺停止になり、救急搬送されて入院中と、医療機関から富田林市の児童相談所の役割を担うセンターに連絡があった。

6月9日、センターがこども未来室に連絡し、この家庭について調査を実施することになった。センターは警察にも連絡したところ、女児の溺水については事故と判断しているとのことだった。また、センターとこども未来室は医療機関に行き、搬送されたときの様子や、意識は回復して後遺症がないこと、また入院中の家族や女児の様子などについて聴取を行っている。

その後、センターが祖母と父親に面接を行い、経過について聞き取りを行った。ここでセンターは今回の溺水は重大な出来事であり、安全が守られていないと判断した場合は女児を一時保護するということを伝え、再発防止のための取り組みを考えるよう指導したのである。

幸いにも回復は早く、翌日10日には退院することができた。しかし、こども未来室は一時保護の検討が必要なのではないかと考え、センターに送致したいと伝えた。センターは送致を受理し、市と協働対応のうえで支援していきたいという旨を伝えた。

12日にはセンターとこども未来室が家庭訪問を行い、祖母と女児の面接をしている。このとき、浴槽を確認するなど溺水にいたった現場の状況を確認した。あわせて窓のチャイルドロックなど家庭内の事故予防についての指導も行っている。

しかし、警察が溺水は事故と判断したとしても、センターは乳児が一時心肺停止になった事態を重く受け止め、この時点で祖母と交際相手が女児に対して抱いていた感情や養育状況、交際相手についての調査、面談などを多面的にアセスメントすべきだった。

その後、センターは女児の保育所入所までのあいだ、週1回はセンターや関係機関による家庭訪問を実施したい旨を、こども未来室に伝え、調整してもらうことになった。また、17日には健康づくり推進課が家庭訪問を行い、安全配慮の工夫《くふう》について助言を行っている。

19日にはセンターが主担当としてかかわっていくことになったため、こども未来室からセンターに事案送致となった。そして祖母が、こども未来室に行き、女児の保育所の入所申請を行った結果、23日に保育所入所が決定した。

それを受け、祖母は「孫より実子がかわいい」「ずっと一緒でイライラしてしんどかった」ということを話している。こういった言葉の端々から、女児へのネガティブな感情は消えることなく、かえって蓄積していったことが推測される。

女児の体のあざや傷を保育士が発見

7月1日、女児は無事に保育所に入所した。10日には関係機関による週1回の家庭訪問が終了し、保育所でのモニタリングを中心に状況を把握していくことを確認した。この時期、祖母は旅行に行ったこともあったが、そのあいだは実父である3男が女児の面倒を見ていたという。

8月17日、健康づくり推進課が確認のため祖母に連絡。その際に18日から22日まで女児、父、祖母で旅行の予定であると聴取し、こども未来室に連絡。祖母から聴取した内容などを情報共有した。

そして無事に旅行から戻ると、26日にはセンターが祖母と女児の養育状況の確認のため、面接を行っている。この時期、祖母は「こども未来室や健康づくり推進課に相談できている」と話している。

10月26日にはセンターが祖母と面接。そこで女児が歩き始めていることを聞いたため、安全配慮について指導を行った。同時に親族の協力、父親と女児の交流状況、交際相手などについての確認を行っている。翌日27日にはセンターがこども未来室に連絡し、センターからこども未来室への事案送致について協議を行った。

この間、女児には安全配慮不足による重大な出来事は起こっていないこと、また、女児が保育所に入所し、日常的なモニタリング体制が確保できていること、親族による養育支援が受けられることを確認した結果、重症度は中度であることも鑑みて、事案送致が適当と判断したのである。そこで28日にこども未来室がセンターに連絡。同日付でセンターから市に事案送致することが決定し、重症度は「中度」に引き下げられている。

しかし、11月11日、保育所は女児の頬にあざがあるのを発見。祖母に尋ねたところ、あざの理由について「自宅の机で打った」と話した。12月に入ると、保育所は女児の欠席が多いことを心配し、こども未来室に連絡。こども未来室が祖母に連絡して近況を聴取しようとしたところ、祖母は「家族が新型コロナウイルス感染症感染の可能性があり、欠席する」とのことだった。

その後、14日から女児は再び登園したのだが、太ももの外側に擦過傷があることを発見。それを祖母に尋ねると、「欠席のあいだに遊びに行った先のすべり台で受傷した」と言った。

この時点で女児の体にあざや傷が頻繁に見られたら虐待を疑うのは当然だろう。17日には保育所がこども未来室に対してケガの際の傷の写真を提出している。また、年末には保育所がこども未来室に行き、祖母から欠席するという連絡はあるが、欠席が多いとの報告をしている。

保育所登園の際、女児にケガがあったときには祖母に理由を確認していたのだが、「机で打った」「見ていなかった」「よく転ぶ」「よくふらつくから、どこかでぶつけた」など祖母が具体的に説明できないことがあった。

これらのケガについて安全配慮不足によるケガだと分析したが、ケガが続いたり、理由があいまいなケガが見られたりした時点でリスクと捉えるべきで、身体的虐待とネグレクトの両方のリスクを検討する必要があった。

コロナ禍を理由に保育園欠席が始まる

年が明けて2021年1月19日、保育所が、こども未来室に対して緊急事態宣言中ということで、祖母の仕事が休みの日は女児は欠席になるということを報告した。

26日には保育所の職員が、こども未来室に来て、祖母が女児について「左足内側に水膨れのようなものがある」と言ったので確認してみると、それ以外にも右太もも裏、右ふくらはぎに傷、右臀部《みぎでんぶ》に水膨れのようなものを確認したと報告した。

そのため、迎えに来たときに保育所が祖母に対して理由を確認したのだが、祖母は「見ていないときのケガなので、わからない」「よく転ぶ」と話したと保育所は、こども未来室に報告している。

この時点で虐待の可能性が高くなっていること気づくべきだった。30日にも保育所は女児の頬にあざを発見。祖母に聞くと、あざの理由について、「壁にぶつかってできた」と話したという。

そして3月に入り、3日には祖母が、こども未来室に来て女児と自分の実子の発達の違いについて話をしていった。その後で健康づくり推進課に来て女児の1歳7カ月児健診と発達相談を実施したのだが、その結果、低身長ということで9月に再診することになり、助言もしている。

また、このとき、祖母は初めて「保育所をやめることも考えている」と話したのだが、その理由は祖母の体調の問題と実子の養育に時間をかけたいことを挙げていた。

女児については保育所ではなく、祖母が仕事の日だけ一時保育を利用しながら愛情を注ぎたいと考えていること、また、親族からの支援を受けられることなどを述べていた。こども未来室としては物理的な問題として保育所が自宅から遠いことや、実子の幼稚園と2カ所に対して送迎する負担が大きいというのも理由だと考えていた。

3月8日には11月以降、保育所からケガの報告が3回もあり、こども未来室はケガが続いているため、安全配慮不足のため指導が必要と判断。次にケガを発見したときには指導することを確認している。

5月に入り、祖母から欠席の連絡はあるものの、女児が一度も登園してこなかったため、保育所が、こども未来室に連絡した。19日になって、こども未来室が祖母の実子が通っている別の幼稚園に連絡すると、実子はほぼ毎日登園していることを確認している。一方で17日以降、女児は欠席の連絡もなく休んでいたのである。

27日、こども未来室は祖母に連絡し、「家庭訪問を含め、女児に会いたい」と伝えたのだが、親族が自宅に来ているのと、体調不良ということで訪問は拒否されてしまう。

女児の生活状況としては、よく泣くということ、また、送り迎えの負担と就労日数を考え、保育所をやめて一時保育を利用することも考えていると言った。しかし、こども未来室は「退所するのではなく、女児にとっては保育所で集団生活を経験するほうがいい」と助言した。

このとき、すぐに、こども未来室は保育所に連絡し、祖母から聴取した内容を共有した。保育所としては所属がなくなることでリスクが高まるのではないかとの懸念を示していたため、こども未来室は保育所の継続について祖母と話すこと、また、もし退所することになった場合は家庭訪問や来庁などの方法によって月1回の面談、週3回の一時保育利用などを祖母に提示するという方針を決めたのである。

保育所が祖母に連絡したところ、ちょうどこの時期はタイミングが悪く、コロナ禍の緊急事態宣言の真っ最中だったのだ。祖母からは、「緊急事態宣言発令中の6月20日まで欠席する」と返事があったという。結局、5月、6月は保育所には行っていないため、女児の安全確認を含めた対応ができなかったのである。

健康づくり推進課の報告を誤解した「こども未来室」

6月18日、こども未来室において協議を行った。何より保育所の継続をすすめるが、退所となった場合は支援をするために定期的に市が女児に会うことを確認する方針とした。

こども未来室が祖母に連絡したところ、祖母の体調が悪いこと、親族が女児を預かってくれるときもあるため、保育所はやはり退所したいということを伝え、退所することで逆に女児と過ごす時間が増えて愛情を注ぐことができると言った。そこで家庭訪問をするから女児と会いたいと伝えたところ、6月24日に女児を連れて来庁すると返事があった。

24日、祖母は女児を連れて、こども未来室に来庁した。その場で女児の左腕に複数の切り傷があったのを発見し、祖母に問いただすと、「段ボールでつくったおもちゃで遊んでできた傷」と話した。また、親族が手伝いに来てくれていることや、週3回の一時保育の利用を考えているということも話した。

こども未来室としては集団生活の経験は女児の成長のためにもいいこと、また、定期的に最低でも2カ月に1回は女児に会わせてほしいということを伝えると、祖母もこれを了承している。

6月30日、女児は保育所を退所した。登園の時間や保護者会参加が負担だったことが主な理由だ。

退所したことによって、7月からは新たに「ママサポとっぴーず」の職員による家庭訪問を開始。「ママサポとっぴーず」とは0~2歳児までの保育所などに通っていない子どもがいる家庭を保育士が定期的に訪問し、育児の悩みや不安に関してサポートを行い、子育て支援に関する情報提供などを行う市の事業のことである。

8月11日、健康づくり推進課が女児の発達相談を実施。その場では女児は困った場面で祖母にしがみついたり、祖母にほめられると、うれしそうにしたりするなどの様子が見られた。また、児童発達支援事業所を9月2日に見学することも約束している。しかし、この日の検査で女児の膝に4センチメートル程度の治り途中のケガが見られた。祖母は「6月に転倒してできた傷を掻《か》いてできた」と話している。

健康づくり推進課は、こども未来室に連絡して発達相談時の内容報告を行ったのだが、この日の報告で、こども未来室は「祖母と女児とのあいだに愛着形成ができつつある」と捉えてしまったのだ。

後日、祖母は児童発達支援事業所見学の日程を間違えてしまい、1カ月も予定が遅れ、11月1日から通所することとなった。ただし、利用頻度が少なくなる可能性もあると推測できたため、引き続き定期的な様子伺いや女児の安全確認の必要性について共有している。10月14日には祖母が、こども未来室に来庁し、児童発達支援事業所は週2、3回利用して一時保育も利用する予定だが、通うために弁当をつくるのが大変であるということをこぼした。

19日には健康づくり推進課にて女児の約束健診を実施したのだが、低身長のため、病院受診の紹介状を渡し、祖母に対して女児の受診をすすめた。このとき、女児の右目の下の頬に薄いあざがあり、祖母は「よくふらつくから、どこかでぶつけた」と話している。

「要保護児童」から「要支援児童」に格下げ

そして11月に入ったのだが、児童発達支援事業所には通所していなかった。祖母から児童発達支援事業所に連絡が入り、自分が10月末に大ケガをしてしまったので、女児は親族宅に預けている。通所はそれが理由でできていないと言い訳をした。

24日には、こども未来室が祖母に連絡したところ、大ケガをしたことで、女児を親族宅に預けてはいるが、11月末からは通所させる予定だと話した。しかし、12月に入っても通所することはなかったのである。

12月13日、市要対協（進行管理会議）は、ここのところ安全配慮不足による重大な出来事は起こっていないと判断し、また、児童発達支援事業所にも通所を開始する予定であることで、扱いを「要保護児童」から「要支援児童」に変更して危険度を下げてしまう。

要保護児童とは保護者のいない児童または保護者に監護させることが不適当であると認められる児童のことで、要支援児童とは保護者の養育を支援することが、とくに必要と認められる児童のことをいう。

危険度、重要度は要保護児童のほうが高い。つまり、要支援児童に変更したことで危険度が下がり、安全性が高まったと判断してしまったのである。市はこれについて、「プライバシーにかかわるため、差し控える」として理由は明らかにしていない。

女児は2022年1月になっても通所していなかったため、12日、こども未来室が祖母に連絡したところ、「弁当が用意できないため、通所を開始していない」と答えた。

結局、通所しないまま2月を迎えてしまう。14日に祖母と女児が来庁したのだが、祖母によると、コロナ感染予防のため外出を控えているという。しかし、このとき、女児の両目の下に赤みがあったので尋ねたところ、「よそ見をして、歩いたときにぶつけた」と話している。

その際、あざのことではなく、児童発達支援事業所に通所するようにと助言したというが、来庁するたびに毎回あざをつくっている姿を確認しているのであれば、祖母の言う理由を鵜呑《うの》みにするのではなく、一歩踏み込んだ対応をすべきだったのだ。

2月18日、「ママサポとっぴーず」が家庭訪問を行ったところ、祖母が「このままずっと自分が見るわけにもいかないので、女児を里子に出すことも考えている」と初めて「里子に出す」という言葉が出てきたのである。この時点で祖母は女児を手放すことを考えていたことになる。

3月10日、2歳6カ月児の歯科健診の日だったのだが、来所せず。健康づくり推進課は4月21日の健診を再度案内している

4月21日には祖母が健康づくり推進課に連絡して2歳6カ月児歯科健診の確認として祖母は「（祖母自身が）精神的にしんどく、児童発達支援事業所に通所できていない」、また、

「女児の発達のことで養育負担が大きい。施設入所も検討している」と話した。

4月26日、ゴールデンウイークの直前だったが、祖母がこども未来室に来庁。「(女児の)養育の負担が大きく、一緒に暮らしている実子に我慢させているのではないか。女児の施設入所も考えている」と話した。そのため、こども未来室は保育所への再入所や児童発達支援センターの通所を再提案し、ショートステイ利用についても説明している。

また、施設に入所する場合、親権者である父親の同意とセンターへの相談が必要であることを説明。それを聞いた祖母は「いつまで頑張れるかわからないが、もう少し頑張ってみる」と話した。翌日にこども未来堂が健康づくり推進課に連絡し、発達相談の結果により、祖母が通わせやすい通所先の手続きを進めることとした。

6月15日、祖母と父親と女児が健康づくり推進課に来庁し、女児の発達検査を実施。祖母、父親ともに、あらためて児童発達支援センターに通うことを希望し、同時に女児の育てにくさや発達への不安を話している。

16日には健康づくり推進課が祖母に連絡。弁当をつくる必要がなく、送迎バスもある児童発達支援センターを新たに紹介し、30日には見学することを約束した。

ところが、見学予定日の前日の29日、健康づくり推進課が祖母に連絡してみると、親族の体調が悪いということで見学をキャンセルしたいと言ってきたのだ。

じつは、このとき、6月27日から2泊3日の予定で、祖母は交際相手の男性と二人の実子の5男の3人で、USJに旅行に出かけていた。そして女児の育児は学校に通う15歳の4男に押しつけていたのだ。つまり、このとき、こども未来室には虚偽の報告をしていたのである。

女児を柵のなかに入れて交際相手と外出

その結果、最悪な結末が訪れる。自宅に置き去りにされた女児は6月29日午後4時過ぎ、学校から帰宅した15歳の4男に発見された。吐血した形跡もあったため、4男は祖母に「(女児の様子が)おかしい。息をしていない」と連絡したところ、「体に水をかけて冷やすように」と二人に指示された。そのため、風呂場で女児に水をかけたという。この日の富田林市の気温は34・5℃だった。

祖母と交際相手の男性は連絡を受け、女児の状態を確認するために自宅に戻った。男性が「息をしていない」と通報したのは4男から連絡を受けた約1時間15分後の午後5時20分ごろだった。しかし、女児は息を吹き返すことはなく、その後、病院で死亡が確認された。死亡原因は熱中症によるものだった。

翌日6月30日、祖母と同居していた祖母の交際相手が保護責任者遺棄の疑いで逮捕された。交際相手の男性は、その後の調べで、「外出は育児ストレス解消のためだった」「これまでも、たびたび柵のなかに入れたまま外出していた」と述べた。祖母は「(女児が)言うことを聞いてくれなかった。育児で精神的にしんどかった」と供述した。

女児が閉じ込められていた柵は高さ88センチメートル、奥行き91センチメートル、横幅124センチメートルの大きさで、もともとはベビーベッドだったのだが、柵のなかほどにあった寝台部分が取り外され、ベビーサークルとして使われていた。女児の身長は柵より低く、自分で外に出ることはできない高さだった。

起訴状によると、6月29日までの3日間、女児は両方の手足を粘着テープで縛られ、ベニヤ板で四方を囲い、ふたをつけたベビーサークルに閉じ込められていたという。信じられないことに、足を縛られてベビーサークル内に入れられている画像が撮影されていたのである。

これまでにもベビーサークル内の買い物かごに女児が入れられ、上からネットがかけられている画像を撮影していた。また、たびたび柵のなかに入れたまま外出していたことも供述で明らかになった。

ここで疑問に思うのは、女児の実の母親はどこにいたのかということだ。この女児の父親である3男と女児の母親である女性は10代同士で結婚し、生まれたのがこの被害女児だったのだが、夫婦ゲンカが絶えず、女児がセンター（児童相談所）が入って心理的虐待を受けたと判断した経緯があった。

その後、二人は離婚して親権を争った結果、3男が親権を得たのだが、母親は祖母が怒鳴り込んでくるので、子どもを巻き込みたくないから手放したと述べている。

祖母と交際相手の男性のあいだには二人にとっての初めての子どもである5男がいたため、女児を3男の代わりに引き取ったものの、愛情は実子にしか感じられず、ネグレクトにつながっていったといえる。

悲劇を回避できたタイミングはあったのか

事件を時系列でさかのぼってみて、いくつかのタイミングで重要なポイントがあった。センター（児童相談所）から市のこども未来室に事案送致があったのが2020年10月だが、こども未来室はそのわずか2カ月後の12月に虐待リスクを中度に引き下げている。祖母のネグレクト状態に気づいていたら、要保護から要支援に下げることは、まずありえない。

また、事案送付として引き継いでから事件が起こるまでの約1年8カ月ものあいだ、一度も家庭訪問をしていなかったということも、支援を放棄していると思われてもしかたがない。

祖母が何かにつけて訪問を拒否していたとはいえ、ベビーベッドの状態や家のなかの片づけ具合など、家庭訪問によって得られる情報、確認すべき点はたくさんあったはずだ。小さな判断ミスが積み重なって最悪な結果をもたらしてしまった虐待事件だった。

同居人だった被告男性は裁判で「非常にかわいそうなことをした。養育に積極的に協力したらよかった」と反省の言葉を述べ、「事件当時、内縁関係は解消し、同居もしていなかったため、被害女児を保護する立場になかった」と無罪を主張したが、懲役6年の実刑が言い渡された。

一方、祖母は「相談に行っても求めていた具体的なアドバイスはもらえなかった」と公判で話しているが、虐待によって女児が犠牲になってしまったことには変わりない。

事件後、市は虐待相談担当職員を5人増員し、また、空き家を活用した住居支援、防災を切り口にした地域とのつながりづくり、困窮家庭を訪問して食料を届けるフードパントリーなどの取り組み、「しんどい」と感じたときにすぐに話せる「なかよしの他人を増やす」関係性づくりなどを呼びかけ、再発防止に努めている。

第6章

公的機関は何ができるのか

法律で定められた「虐待」の定義とは

これまで子どもへの虐待事件について述べてきたが、大事なことは事件の原因究明だけではなく、今後、どのようにしたら虐待による死亡事件を防げるのかということだ。時代の変化とともに虐待の内容も変化している。

そこで、この章では虐待についての定義、分類など、これまでのデータを参考にしながら、現状を考察してみたい。

「児童虐待」の定義は「児童虐待防止法」の第2条で「「児童虐待」とは、保護者（親権を行う者、未成年後見人その他の者で、児童を現に監護するものをいう。以下同じ。）がその監護する児童（十八歳に満たない者をいう。以下同じ。）について行う次に掲げる行為をいう。」とある。

ちなみに、虐待はつねに親からとはかぎらない。親権を行う者はもちろんだが、未成年後見人、そのほかでも児童を監護する立場が保護者である。また「監護する」という意味は子どもと同居していることが必須ではないが、子どもの所在、動静を知り、客観的に監護の状態が継続していると認められることだ。

年々増加する児童虐待だが、2021年度に全国225カ所の児童相談所が児童虐待相談として対応した件数は20万7659件にのぼり、前年度比で2615件（1・3％）の増加で過去最多となり、1990年度の統計開始から31年連続で増加している（図表6）。

しかし、残念ながら、この数字は表に出てきたものだけで、密室で行われる子どもへの虐待の実際の件数はさらに上回っていると推測される。

その一方、データの数字は統計の取り方によって地域でばらつきがあるため、正確さに欠けるのではないかという声も上がっている。

しかし、その数字を差し引いたとしても、表面化していない虐待が数多く存在するのは間違いない。対応案件数に応じて職員数の増加が左右されることもあり、人材確保が思ったように進んでいない児童相談所は案件数を水増しして報告したことも考えられる。今後は「こども家庭庁」が発足したこともあり、統一条件のもとで案件数の把握を行い、より正確な数字を発表すべきだろう。

図表6 | 児童相談所での児童虐待相談対応件数とその推移

1. 令和3年度の児童相談所での児童虐待相談対応件数

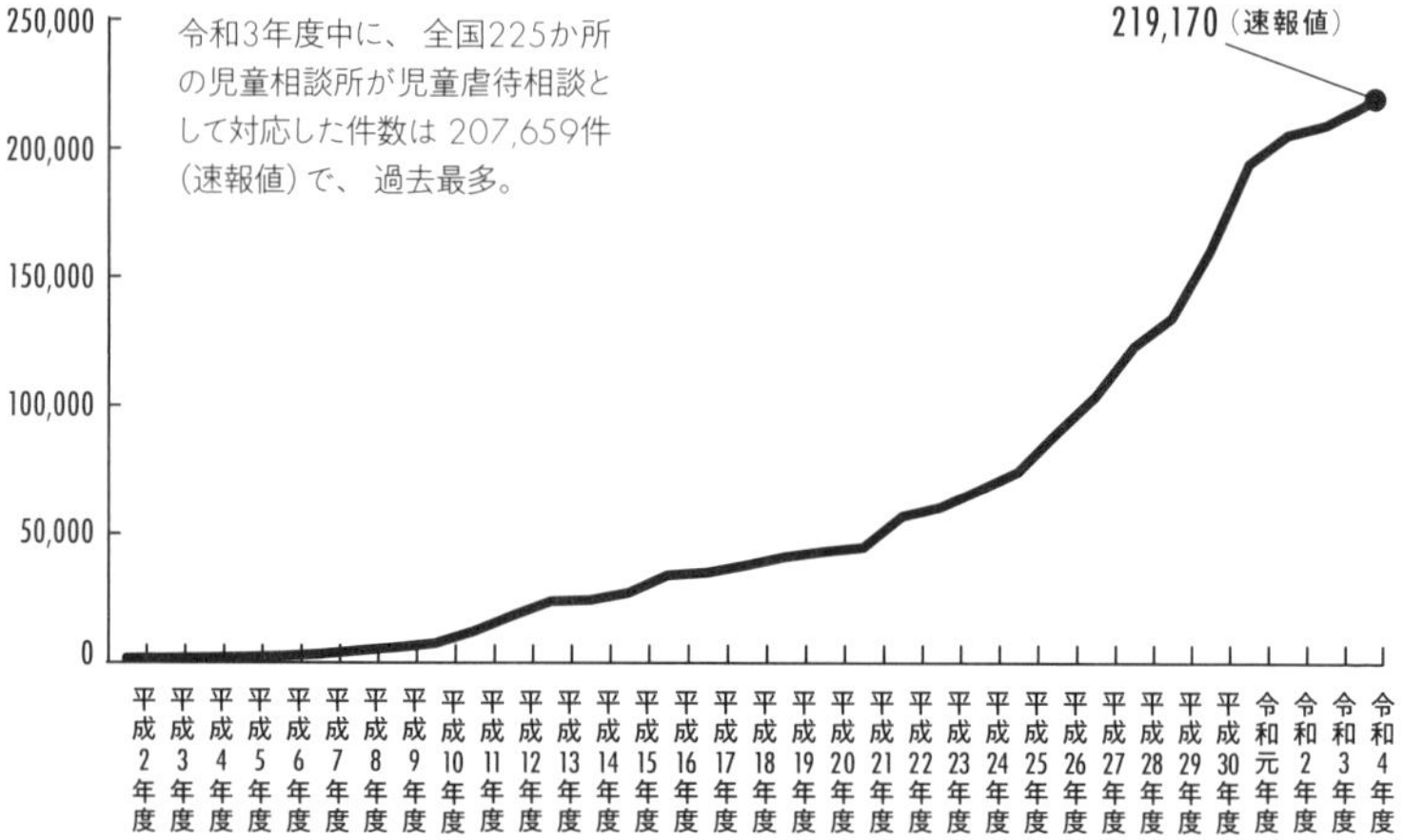

※対前年度比＋1.3%(2,615件の増加)(令和2年度：対前年度比＋5.8%(11,264件の増加))
※相談対応件数とは、令和3年度中に児童相談所が相談を受け、援助方針会議の結果により指導や措置等を行った件数。

2. 児童虐待相談対応件数の推移

年度	件数	対前年度比
平成 21 年度	44,211	+3.6%
平成 22 年度	注56,384	−
平成 23 年度	59,919	−
平成 24 年度	66,701	+11.3%
平成 25 年度	73,802	+10.6%
平成 26 年度	88,931	+20.5%
平成 27 年度	103,286	+16.1%
平成 28 年度	122,575	+18.7%
平成 29 年度	133,778	+9.1%
平成 30 年度	159,838	+19.5%
令和元年度	193,780	+21.2%
令和 2 年度	205,044	+5.8%
令和 3 年度(速報値)	207,660	+1.3%
令和 4 年度(速報値)	219,170	+5.5%

(注) 平成22年度の件数は、東日本大震災の影響により、福島県を除いて集計した数値。

出典：厚生労働省『令和3年度児童相談所での児童虐待相談対応件数(速報値)』より筆者作成。

虐待の「四つの分類」

時代とともに変容していく「虐待」だが、大きく分けると「身体的虐待」「性的虐待」「ネグレクト」「心理的虐待」の四つに分類される。

最近の特徴として、子どもの前で夫婦ゲンカや家族に暴力を振るう「面前ＤＶ」「脅しや脅迫」「無視」「他のきょうだいと著しく差別的な扱い」などの「心理的虐待」が増加し、全体の約6割を占めている。

２０２１年度に児童相談所に寄せられた20万件以上の相談の内訳を見ると、「心理的虐待」が60・1％で最も多い。次に「身体的虐待」が23・7％、「ネグレクト」が15・1％で、性的虐待は1・1％となっている。特筆すべきことは「心理的虐待」の相談件数がこの10年で約5・6倍に増加している点だ。その多くは警察からの通告によるものだ。

また、数字上においては「性的虐待」の件数はほとんど増えていないように見えるのだが、鎮静化しているわけではない。密室性の高い虐待でもあるため、表面化するのはとても困難で、実際には増加しているのではないかと推測される。

そこで四つに分類される虐待について、具体的な定義を見ていきたい。

①身体的虐待

「身体的虐待」とは「児童の体に外傷が生じ、又は生じるおそれのある暴行を加えること」と定義されている。

具体的には「殴る」「蹴る」「たたく」「投げ落とす」「激しく揺さぶる」「やけどを負わせる」「溺れさせる」「首を絞める」「縄などによって一室に拘束する」「逆さ吊りにする」「異物を飲ませる」「冬に戸外に締め出す」「意図的に子どもを病気にさせる」などの行為だ。

「殴る」「蹴る」などの場合は虐待と判断しやすいのだが、被害者が乳幼児の場合は判断が難しい。虐待の内容について被害者が具体的に言葉で説明することができないため、そういった場合は通告後に医療スタッフに診断してもらってからの判断となる。

乳幼児の場合、目にあざがあったり、ひどい場合では頭の骨が折れたり陥没したりしているケースもある。衣類を身につけている場合は隠れて見えない場合があり、保育園などで発見される場合も多い。背中にあざがいくつもあり、いったいどんな道具でたたかれたのかと目を疑いたくなる虐待もある。

また、昨今報道されているので聞いたことがあるかもしれないが、「乳幼児揺さぶられ症候群（ＳＢＳ）」という首の筋肉が未発達な状態の赤ちゃんが激しく揺さぶられると生じる身体的な問題がある。この虐待を受けると眼底出血（網膜出血）、脳浮腫、急性硬膜下血腫、くも膜下出血、言語障害、学習障害、歩行困難、失明などが生じ、場合によっては命を落とす危険もあるというものだ。

ＳＢＳが引き起こす病状としては「硬膜下血腫またはくも膜下出血」「眼底出血」「脳浮腫」の三つの症状があり、高所からの落下などの事情がなければ暴力的な揺さぶりがあったと推定できるため、虐待事件で親の刑事責任を問う根拠に使われてきた経緯がある。

ただし、最近は懐疑的な見方も出ており、海外の裁判でも無罪が相次いでいる。捜査機関は保護者らを逮捕、起訴する前に子どものためにも脳の専門家である脳神経外科医にも意見を求め、慎重に調べる必要がある。誰も見ていないから身体的虐待をしてもわからないだろうと思う保護者もいるかもしれないが、医療機関で検査すれば、簡単にエビデンスが出てくる。

もちろん児童相談所の職員も小さなあざも見逃さずに調べる。服の上から見えない場合は同性スタッフが対応し、着衣をまくり上げるなどについても十分に配慮しながら行う。受傷やあざなどは時間の経過とともに変色したりするため、見つけたときには写真撮影をする。

乳幼児の場合は周囲も敏感に反応することもあり、近所で赤ちゃんがいつもギャーギャー泣いていると通報があり、実際に職員が駆けつけて調査を行ったら、そこまでにはいたらなかったというケースもあるが、いずれにしても、発見がとても難しいのが乳幼児の虐待だ。

子どもが成長してくれば、体も大きくなり、腕力もついてくるため、男の子だった場合は応戦する場合も稀《まれ》に見受けられる。しかし、幼いときからずっと虐待が続いていて恒常化している場合は、「たたかれることが当たり前なんだ」と思い込んでしまうケースが多い。

ある高校生の場合、ずっと幼少期から暴力を振るわれてきたため、面接の際に「それが日常茶飯事だったから」と疑問を持たずに淡々と答える。もはやマインドコントロールされている状態に陥っているといわざるをえない。

そういったケースでは、「普通の家庭ではそういったことはないし、日本の社会ではそれは虐待といって犯罪になるから」と伝えると、「えっ、そうなんですか。それってうちだけなんですか？」と驚いた様子を見せ、そこで初めて自分の置かれている環境に気づくのだ。

虐待されていても反抗せず、親が正しいと思っていたのだが、周囲の友だちに相談してみたら、「それは虐待だよ」と言われて児童相談所に通報してくる子どももいる。また、友だちから「それは虐待だから、通報しなければダメだよ」と言われ、学校に報告し、学校から児童相談所に通報されるケースもある。友だちや学校の関係者など第三者の目が何より大事だ。

はっきり外傷がある場合は周囲も気づくのだが、本人も親も虐待と気づいていないケースも多い。しつけの一環だという保護者の認識がなかなか変わらないため、表面化してこないのが、いまの時代の「身体的虐待」の特徴といえるだろう。

②性的虐待

「性的虐待」は、「児童にわいせつな行為をすること又は児童をしてわいせつな行為をさせること」と定義されている。「子どもへの性交」「性器を触る、または触らせるなどの性的暴行」「性的行為を強要したり教唆する」「性器や性交を子どもに見せる」「性的描写を見せる」「わいせつの被写体に子どもを強要する」などがこれにあたる。

虐待のなかでも、この性的虐待はとても表面化しにくいものだ。たとえば「父親が自分の娘の布団に入って触る」「お風呂に入っているところをのぞいたりする」ことも性的虐待にあたる。信じられないだろうが、「自分の子どもの性器を写真に撮って他人に見せる」というケースもある。

実際に父親が自分の子どもと性的な関係を持ち、妊娠したケースもあるのだ。こういった場合、子どもは保護されることになるが、子どもの受けた心と体の傷は一生消えることはない。

性的虐待に関しては、「父親が娘に」というケースが多いが、実際、母親は知っていてもDVを恐れて口外しない場合もあるし、まったく気づかない場合もある。性的虐待を受けたあと、父親から「このことは絶対、母親に言わないように」と強制されれば、子どもとしては家庭関係を壊したくないと思い、ひとりで抱えてしまうケースも多い。

しかし、どうしても耐え切れず、友だちに相談することによって児童相談所に連絡が来て一時保護となり、その結果、両親は離婚して母親が親権を取り、家庭復帰の道を探って、最終的には母親と一緒に暮らすことができたケースもある。

また、再婚した男性や同棲しているパートナーに娘や息子が性的虐待をされるというケースも目立つ。母親には秘密にするように言われ、ずっと抱え込んだまま悩み続け、最後に学校の先生に相談に行って発覚した例もあるのだ。

最近では大手芸能事務所による未成年の少年への性的虐待が露呈して問題になっているが、保護者からではなくても性的虐待を受けた心の傷は変わらない。社会全体でこの問題を考えるきっかけにはなっているが、日本は世界と比較すると、まだまだ意識が低いといわざるをえない。

実子や養子と性交、性交未遂などで「監護者性交等罪」の公判が増加している。これは親などの監護者がその立場を利用して18歳未満の子どもに対して性交などをした場合に問われる罪で、2017年7月から施行されている。

新設前は暴行、脅迫などの要件を満たさないことも多く、児童福祉法違反で起訴されることが多かったが、強姦罪《ごうかんざい》と比べて刑が非常に軽いという問題があった。監護者性交等罪が新設されてからは下限が強制性交等罪と同じく懲役5年であるため、評価されるようになったという経緯がある。

性的虐待に関しては何より第三者の行動が重要になってくる。勇気を持って誰かに相談したり、専用窓口に連絡したりすることによって救われる機会も増えたが、性的虐待は一生消えることのない心と体の傷を残し、その後の人生を狂わせてしまうほどの犯罪だということを、あらためて知るべきである。

③ネグレクト

「ネグレクト」とは、保護者が子どもの健康とか安全への配慮を怠っていることをいう。英語の「ネグレクト」には「無視する」「軽視する」「ほったらかす」「顧みない」「放置する」といった意味があり、日本語では「育児放棄」といわれているものである。

具体的には、「家に閉じ込めたままにする」「子どもの意思に反して登校させない」「重大な病気になっても病院に連れていかない」「乳幼児を家に残したまま外出して帰ってこない」「乳幼児を車のなかに放置しておく」「適切な食事を与えない」「下着やおむつなど長期間取り替えずに不潔なままにしておく」「ゴミ屋敷のような不潔な環境のなかで生活させる」「通学させない」「親の勝手な都合で保育園を休ませる」など保護者が子どもにとって必要な情緒的欲求に応えない、保護者としての役割を放棄している状態がネグレクトである。

また、保護者以外の同居人や自宅に出入りする第三者による身体的虐待、性的虐待、心理的虐待を放置するなど、保護者が児童の監護を著しく怠ることもネグレクトに含まれる。母親の交際相手から性暴力を受けている場合は、母によるネグレクトの疑いがあるということになるのだ。

児童相談所に通報があったため、その家に行ってみると、まさにゴミ屋敷で、食べものが散らかっており、足の踏み場もなかった。何より驚いたのは、そのゴミの山のなかから子どもが出てきたことだ。ほかのケースではネグレクトで保護された赤ちゃんのおむつからウジが出てきたこともあった。

保護者以外、たとえば同居人や、結婚していないパートナーからの身体的、あるいは性的、心理的な虐待を受けているにもかかわらず、それを放置してしまうことも「ネグレクト」に相当する。

妊娠してしまったことに気づき、お腹のなかに赤ちゃんがいるにもかかわらず、誰にも相談せず、医者にも受診しないまま産んでしまった場合も胎児に対するネグレクトとなる。

これは生まれてきた乳児に対する虐待にもつながる可能性が大きい。

実際に突然、道端で破水してしまい、その場で産んでしまったケースでは、その女性の所持金がわずか数百円しかなかったという例があった。これもネグレクトに相当する案件だ。ただ子どもをほったらかしにすることだけがネグレクトではないということを覚えておいてほしい。

また、最近ではＳＮＳの影響もあって、子どもを放ったままＹｏｕＴｕｂｅの動画制作に没頭したり、インスタグラムの更新のため、育児を放棄して外出してしまったりといったことが原因で通報が来る。まさに世相を表している「ネグレクト」といえるだろう。

④心理的虐待

「心理的虐待」とは、直接的な暴力や暴言がなくても、子どもの目の前で配偶者や家族に対して殴る蹴るなどの「身体的暴力」や、侮辱したり怒鳴ったりする「精神的な暴力」を振るうなど子どもに著しい心理的外傷を与えることをいう。また、暴力や暴言を目撃したり、保護者が子どもに言葉による脅かし、脅迫、無視などをしたりした場合も、これに当てはまる。

2004年施行の「児童虐待の防止等に関する法律の一部を改正する法律」では、「児童の目前で配偶者に対する暴力が行われること等、直接児童に対して向けられた行為ではなくても、児童に著しい心理的外傷を与えるものであれば児童虐待に含まれること」と明記された。

つまり、子どもの前はもちろん、目の前にいなかったとしても、家のなかで「親が口ゲンカをする」「殴り合いのケンカをする」「罵ったりする」などを行うと「心理的虐待」と見なされるのだ。このことを知っている人は少ないのではないか。

また、自分の子どもを実の名前や呼称で呼ばずに動物の名前で呼んだり、ほかのきょうだいとは著しく異なった差別的な扱いをしたり、子どもの心を傷つけることを繰り返し言って自尊心を傷つけたりするような言動も心理的虐待にあたる。

親が夫婦ゲンカをして子どもの面前で罵り合ったりすることは「面前虐待（面前DV）」といい、「心理的虐待」のひとつに認定される。子どもの目の前ではなかったとしても、子どものいる家庭での家庭内暴力は「心理的虐待」にあたるのだ。

昨今、コロナ禍の影響で親子が一緒にいる時間が増え、ストレスが増えたこともあって、この「面前虐待」が増加している。2004年の「児童虐待防止法」の改正で、子どもが同居する家庭における配偶者に対する暴力も心理的虐待にあたると明記された。したがって、両親の仲が悪く、罵り合ったり、ものを投げたり、最悪、取っ組み合いのケンカをしているのを見せつけると虐待となる。

たかが夫婦ゲンカと思うかもしれないが、直接的に暴力を受けなくても、DVを見聞きして育つ子どもは心身に傷を負い、成長後もフラッシュバックに苦しむなどしてPTSDを発症することもある。両親が投げたものが飛んできて体に当たってケガをしたというケースもあるため、子どもの成長に悪影響を与えるのは間違いない。

さらに、子どもが直接、両親の夫婦ゲンカの現場に居合わせなくても、暴力が日常的に行われている家庭環境にいる、その事実だけでもこれに含まれることになる。

昨今、問題視されているのが、この「心理的虐待」だ。心理的虐待を受けると心身に悪影響をおよぼし、食事が喉を通らなくなり、体重が減ってしまうというケースが多く見られるため、保護者はそのシグナルにいち早く気づかなければならない。

しかし、家庭内に限定されている心理的虐待は表に出ることはなかなか難しい。「しつけや教育の一環だ」と称して虐待と認めないケースが多いため、とくに注意が必要なのである。

あとの章で述べるが、両親や保護者の怒声を聞き続けるなど日常的に両親や保護者の言葉の暴力を目撃してきた子どもは、身体的な暴力を目撃している人より脳へのダメージが深刻であることがわかっている。また、面前虐待の目撃に加え、保護者から暴言を受けている子どもは身体的な虐待を受けている人よりトラウマ反応は重篤であることも指摘されている。

さらに、最近では「虐待」という言葉に新しい意味が加わり、世間に注目されたのが、2022年に起こった、安倍晋三《あべしんぞう》元総理が暗殺された事件の加害者の「宗教虐待」の問題だ。

加害者である山上徹也《やまがみてつや》被告の母親が旧統一教会（世界平和統一家庭連合）に莫大《ばくだい》な寄付をすることによって子どもは心を痛め、家族は破滅していったと報道された。加害者である山上被告は残された家族のために自殺による保険金でお金を工面しようとしたのもショッキングな報道だった。

これは教会に帰依している母親の「ネグレクト」にあたり、間接的な「心理的虐待」にもあたる。団体に献金することで頭がいっぱいになり、子どもの面倒を見ることを放棄し、子どもの言葉に耳を貸さない、否定し続けるなどを考慮すると、現在の解釈でいくと、十

図表7 ｜ 児童虐待相談における主な虐待者別構成割合（令和元年度）

88.9%が実の親による虐待

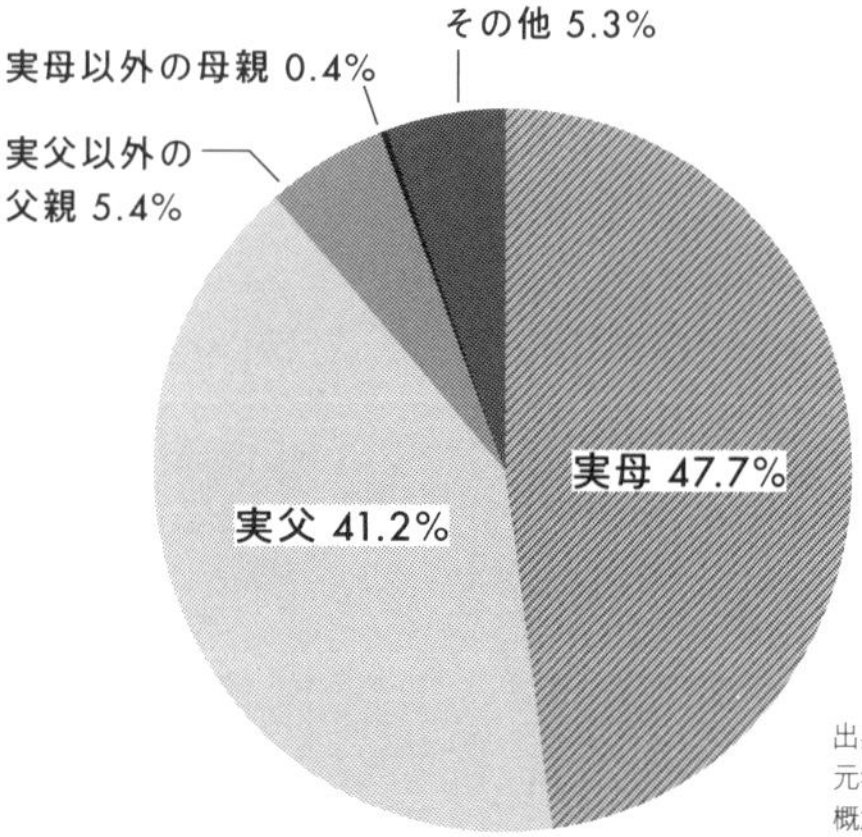

出典：厚生労働省『令和元年度福祉行政報告例の概況』より筆者作成

分「虐待」にあたる案件なのである。

両親のどちらからの虐待が最も多いのか

２０１９年度に児童相談所が対応した養育相談のうち、実の父親と母親による虐待の割合を見てみると、「実母」が47・7％と最も多く、次いで「実父」が41・2％となっている（図表7）。

虐待するのは、ほとんどが男性、父親だろうと思う人が多いのだが、実際には母親のほうが多い。理由としては子どもと接している時間が父親より長いとい

図表8 ｜ 児童相談所での虐待相談の内容別件数の推移

令和3年度は、心理的虐待の割合が最も多く、次いで身体的虐待の割合が多い。

年度	身体的虐待	ネグレクト	性的虐待	心理的虐待	総数
平成22年度	21,559 (38.2%)	18,352 (32.5%)	1,405 (2.5%)	15,068 (26.7%)	56,384 (100.0%)
平成23年度	21,942 (36.6%)	18,847 (31.5%)	1,460 (2.4%)	17,670 (29.5%)	59,919 (100.0%)
平成24年度	23,579 (35.4%)	19,250 (28.9%)	1,449 (2.2%)	22,423 (33.6%)	66,701 (100.0%)
平成25年度	24,245 (32.9%)	19,627 (26.6%)	1,582 (2.1%)	28,348 (38.4%)	73,802 (100.0%)
平成26年度	26,181 (29.4%)	22,455 (25.2%)	1,520 (1.7%)	38,775 (43.6%)	88,931 (100.0%)
平成27年度	28,621 (27.7%)	24,444 (23.7%)	1,521 (1.5%)	48,700 (47.2%)	103,286 (100.0%)
平成28年度	31,925 (26.0%)	25,842 (21.1%)	1,622 (1.3%)	63,186 (51.5%)	122,575 (100.0%)
平成29年度	33,223 (24.8%)	26,821 (20.0%)	1,537 (1.1%)	72,197 (54.0%)	133,778 (100.0%)
平成30年度	40,238 (25.2%)	29,479 (18.4%)	1,730 (1.1%)	88,391 (55.3%)	159,838 (100.0%)
令和元年度	49,240 (25.4%)	33,345 (17.2%)	2,077 (1.1%)	109,118 (56.3%)	193,780 (100.0%)
令和 2 年度	50,035 (24.4%)	31,430 (15.3%)	2,245 (1.1%)	121,334 (59.2%)	205,044 (100.0%)
令和 3 年度 (速報値)	49,238 (23.7%) (▲797)	31,452 (15.1%) (+22)	2,247 (1.1%) (+2)	124,722 (60.1%) (+3,388)	207,659 (100.0%) (+2,615)

※割合は四捨五入のため、100%にならない場合がある。
※平成22年度は、東日本大震災の影響により、福島県を除いて集計した数値である。

出典：厚生労働省『令和3年度 児童相談所での児童虐待相談対応件数（速報値）』

うこともあると推測される。親としても、日常生活のなかで精神的にも経済的にも追いつめられると、やり場のない怒りをそのまま子どもにぶつけてしまうということが考えられる。

図表8は、2021年度の速報値データであるが、子どもの前でほかの家族に暴力を振るう「面前DV」などの「心理的虐待」が全体の6割を占めている。直接手を出していなくても「面前DV」は虐待行為である。そのことを迅速に社会全体に認識させる必要があるのではないだろうか。

第7章

内側から見た児童相談所のリアル

「児童相談所」の仕事とは

最近、よく目にする虐待の事件報道で出てくる「児童相談所」について、ここであらためて仕事内容や役割を具体的に伝えておきたい。

児童相談所とは「児童福祉法」にもとづいて設置した児童相談に関する専門機関のことで、原則18歳未満の子どもに関するあらゆる相談に対応する機関である。

都道府県、政令指定都市の一部の特別区、東京23区、また一部の中核市にも設置され、2004年の「児童福祉法改正法」によって2006年4月から中核市程度の人口規模（30万人以上）を有する都市も児童相談所を設置することができることになった。2023年4月1日現在で232カ所となっており、今後も設置件数を増やす予定だという。

現場で対応にあたるのが「児童福祉司」で、児童相談所には必ず置かなければならない。具体的な業務としては地域住民や学校、警察、関係機関から虐待通告を受けた場合、調査対応を行い、家庭で生活を続けることにリスクがともなう子どもを一時保護したり、施設に入所させたりするのが主な仕事だ。

国は人口3万人につきひとり以上の児童福祉司を配置する基準を設けているが、虐待対応件数の多い自治体は人数の上乗せを求められている。現在は人手不足が深刻で、経験年数の浅い職員の割合が高くなっている。

児童相談所とのかかわりを拒否する親も多く、話をどう引き出すか、日々悩みながら進めている若い児童福祉司も多い。社会人経験も子育て経験もないため、疲弊してしまい、精神的に病んでしまう人も多く見られる。入れ替わりが激しいため、育成も追いつかず、業務に支障が出ているのが現状だ。

そのため、国は2022年12月、「新児童虐待防止対策体制総合強化プラン」を決定。児童福祉司を2024年度までに約1000人増員し、約6850人とする方針を決めた。また、「量」だけでなく「質」の強化策として、2024年4月から「こども家庭ソーシャルワーカー」の認定資格を導入する決定が下されている。

児童相談所の「四つの機能」

児童相談所には「市区町村援助機能」「相談機能」「一時保護機能」「措置機能」の四つの機能があるが、児童相談所が個別の虐待案件に対して、どのような流れで対応していくのか、具体的に見ていきたい。

虐待があった、または第三者が発見した場合、児童相談所宛に子ども本人、家族、福祉事務所の保健所児童委員、学校、幼稚園、保育所、児童館の学童クラブ、警察、医療関係者、近隣、通行人、また「子ども家庭支援センター」などから通告が来る。児童相談所は24時間体制で通報を受けつけていて、とくに昼間は絶え間なく電話がかかってくるのが現実だ。

通告を受けた職員は事実確認を行っていく。取り返しのつかない事件になってしまうことがあるため、丁寧にかつ慎重に対応する。最近ではブログやX（旧ツイッター）、インスタグラムなどSNSを通じて虐待が明らかになり、通告してくるケースも増加している。

通告を受けたら、まず「誰から、いつ、どこで」など5W1Hを聞き出すとともに、虐待の程度や頻度、親子の様子など通告者が知っているかぎりの情報を聞き出す。児童の住所、氏名、家族構成、所属の確認や検診情報、所属情報についても知っているかぎり聞き出す。また、追加情報の提供などの協力を求め、プライバシーを守ることを前提に通告者の連絡先も確認する。

その後、児童相談所では「緊急受理会議」と呼ばれる関係者によるスタッフ会議を開き、安全確認の方法と緊急性の判断、初期調査の内容、担当者の決定などを行い、今後の方針を決める。そこから具体的に動き出し、児童の安全確認、各種調査、各種診断、判定援助方針の決定、援助方針の実行という流れになっていく。

いちばん重要なことは、通告受理のあとは48時間以内に子どもの安全確認を行わなければならないということだ。子どもの安全確認は場合によっては一刻を争うため、通告を受けたあとは「48時間ルール」という決まりがある。職員は48時間以内に子どもの安全確認（現認）をしなければならない。そのため現場に行かなければならないのだ。

安全確認の方法は目視によって行うことが基本となっている。そして家族、親族に対し、どんな出来事があったのかについて具体的に尋ね、児童の無事を確認するのだが、子どもとの面会ができず、安全確認ができない場合には原則として立ち入り調査を実施することになるが、この場合は警察も動いて一緒に行くケースも多い。

保護者に対しては児童相談所の職員であることを名乗り、虐待通告があったこと、児童虐待防止法などに則《のっと》り、虐待が疑われる場合は通告義務があるということ、その通告者が誰であるかは伝えられないこと、虐待通告を受けた場合、児童相談所は48時間以内に子どもの安全確認をしなければならないことなどを説明し、子どもに会わせてほしいという旨を伝える。

保護者は、どこからの情報なのかを尋ねてくる場合がほとんどだが、それは伝えられないと答える。通報が重なれば、職員はそのときの仕事を後回しにしてでも安全確認に向かわなければならない。

この現認ルールは1999年に埼玉県が始めたものだ。厚生省（現・厚生労働省）は当初、児童相談所の負担などを考慮し、参考として紹介していたのだが、2006年に京都府で起こった3歳の男の子が食事を与えられずに餓死した事件で、児童相談所に通報があったにもかかわらず虐待死を防げなかったことが明るみに出て、2007年に児童相談所運営指針を改正し、全国的なルールとなった経緯がある。

虐待調査を行う際には迅速性、保護者への十分な説明と聴取、児童や保護者のプライバシーへの配慮を最大限行う。虐待の通告があった場合、調査を継続することが大事だ。子どもの安全確認はもちろん、関係機関と連携して定期的に訪問などを行い、状況の変化を確認していかなければならない。

調査の方法としては面接や電話による聞き取り、調査関係機関への紹介状況や部屋の見取り図などの作成、可能であれば写真、音声ビデオなどによる状況の保存などを行う。状況によっては出頭要求、立ち入り調査、捜索など児童相談所に与えられた法的権限を行使した調査を行う場合もある。

児童相談所の職員による立ち入り調査は正当な理由がないにもかかわらず、執行を拒んだり、妨げたり、協力しなかったり、虚偽の答弁をしたりした場合には50万円以下の罰金となる。また、立ち入り調査は裁判所の令状をもらってから行う場合もある。緊急性を要すると判断された場合、鍵を壊して家のなかに入ることも可能な権限となるのだ。

調査のなかで把握、確認すべき事項としては虐待の種類やレベル、虐待の事実と経過、児童の安全確認と被害状況、生活環境の把握、児童と保護者の関係、保護者や同居人に関する情報、関係者に関する情報などだ。

調査後の会議では当該ケースについて協議し、子どもの安全確認のタイミングや具体的な方法、一時保護の有無などを柔軟に検討する。通告者の情報だけでは事実関係が不明確なため、ケースによっては児童の保育所や学校などの所属機関、家庭の事情などにくわしいと考えられる関係者などにも連絡し、迅速かつ的確な情報収集を行う。

その後、心理検査、発達検査による知的発達や行動上の特徴のアセスメント、プレイセラピーなど心理的介入による支援を行うのだが、記録を調べてみると、以前に相談歴があったケースが多いのが実情だ。

「アセスメント（assessment）」とは虐待が生じた家族に関する情報を収集し、問題の発生原因を明らかにし、対象者の意向も踏まえつつ、どのように支援していくのか、計画、実行、評価していく一連の過程のことをいう。

「一時保護すべきだ」と判断された場合、次はその場から子どもを連れ出さなければならない。また、調査の結果、虐待と認められない「非該当」のケースもある。そういった場合には、「今後は誤解を受けないような行動をしてほしい」と保護者に伝える。児童相談所が介入したことで、グレーゾーンだった場合も、その後の抑止力になるのである。

「一時保護」の目的と運用

一時保護の目的は子どもの生命の安全を確保することである。「児童福祉法第33条」の規定にもとづき、児童相談所長が必要と認める場合には子どもの安全を迅速に確保し、適切な保護を図るため、また、子どもの心身の状況、置かれている環境、その他の状況を把握するために子どもを一時保護所に一時保護、または委託することができる。

一時保護を行うことによって保護者、子どもの双方が冷静になり、みずからを省みるいい機会となることに加え、虐待者からの分離を行うことで子どもの安全確保が可能になり、安心して調査や指導、子どもの観察などができるのが利点だ。

実際に一時保護を行う前には保護者に対して子どもの安全確保、子どもの心身、環境、その他の状況を把握するためであることを明確に伝え、家族にとっても有益であることを説明する。

虐待または虐待の疑いのある保護者については親としての立場や悩みがあることや、子育ては大変であることの理解を示すことも大事だ。保護者を一方的に責めたり、虐待の事実についてのみ話したりせず、話を引き出し、虐待が引き起こされた背景を冷静に聞き取らなければならない。

虐待の事実を認めない保護者の場合は毅然《きぜん》とした態度で対応するとともに、刑事事件に該当する場合は警察との連携や刑事告発などの検討も行う。子どもの生命の安全を最優先しなければならないため、場合によっては保護者への説明は一時保護のあとになってしまうこともある。

その際、家庭復帰に向けて保護者として何をすべきか、児童相談所としてどのような援助が可能かなどを伝えるのだが、子どもを取られてしまうという不安のある保護者に対しては一時保護の目的や保護中の援助、保護期間や保護後の援助方針、面会の可否について、保護者の心情にも寄り添いながら説明する。

そして保護者と職員が向き合う際には福祉事務所や保健センターなど地域のネットワークも活用し、効果的に支援が得られるよう役割を調整する。

緊急に子どもの安全を確保する必要があるケースなどは保護者の同意がなくても児童相談所長の職権で一時保護ができること、また、決定に不服がある場合は不服申し立てができることも同時に伝えなければならない。

そして「どのような状況になれば子どもの引き取りが可能であるか」「そのためには保護者として何をしなければならないのか」「児童相談所としては何をしたいのか」を明確に伝え、保護者の不安をなるべく取り除き、先の見通しが持てるようにすることも大事だ。

子どもの安全が守られていない状況がいちばんの問題であり、その状況は、なぜ起こったのか、それを変えるために何が必要なのかについて一緒に考えるという問題解決思考の姿勢をきちんと伝える。

一時保護の期間は2カ月を超えてはならないことになっており、児童相談所長が必要と認めた場合は継続して保護することも可能だが、親権者が同意しない場合は家庭裁判所の承認を経なければならない。また、一時保護期間中に年齢が18歳になっても継続は可能で、施設に入所することも可能だ。

保護期間中は面接による心理診断や家庭調査による社会診断、また、場合によっては医学的な診断も行う。保護中の行動観察による診断などを経て、子どもに対してどうケアをすることが適切かという「援助方針会議」が行われる。

「援助方針会議」においては今後、再び家庭で生活させることがふさわしいのか、それとも一定期間、親と分離させ、養育家庭や施設などでケアを受けながら生活させるのかなどの決定がなされる。その結果によって「施設に行くのか、家庭に戻すのか」という重要な判断が下されることになるのだ。

子どもの置かれた状況やその他の理由によっては、一時保護所以外にも「児童福祉施設」「里親」「医療機関」などに委託して行う場合もある。緊急を要する一時保護の場合、警察からの身柄通告や学校、医療機関など家庭以外の場所から保護することもある。なお、一時保護の場所に関しては情報開示はしていない。

一時保護所への入所は年々増加傾向にあり、東京都では年間を通して入所率は100％を超えている。場所によっては瞬間的に200％に迫ることもあるのだ。定員があるとはいえ、一時保護が必要な子どもは原則として全員受け入れているのが現状である。

都市部では慢性的な定員超過が問題になっている。一時保護所では家庭での不適切な養育によって生活習慣が乱れている児童に対して規則正しい生活日課を送らせるため、精神的にも安定し、意欲的に生活できるようになるのが利点だ。

昨今では受け入れる人数の限界もあり、地域によっては施設が満員のために収容できず、遠く離れた場所での受け入れとなってしまうケースも多い。同時に一時保護施設のスタッフの人数も足りないことも問題になっており、早急な対応が求められている。

一時保護所からの移送先、養護を必要とする施設

家庭での養育が困難だと判断され、「保護者と子どもを分離させるのが相当である」という判断を下された場合、一時保護所からの移送先としては子どもの年齢や状態によっていくつかの種類がある。

主に1歳未満の乳児が対象となる「乳児院」、子ども自身の非行傾向が進んでいる場合には「児童自立支援施設」、心理的、治療的なサポートがより必要だと判断された場合には医療機関や「児童心理治療施設」へと移送されるが、子どもたちの大半は「児童養護施設」に入所することになる。

児童養護施設

児童福祉法によって定められた児童福祉施設の一種で、なんらかの事情で保護者とともに暮らすことのできない、原則2歳から最長22歳までの子どもが生活する施設で、家庭で暮らせない子どもたちの「家」であり、すべての生活の場である。そのため、子どもたち

は施設から地域の幼稚園や学校に通学することになる。なお、2024年4月施行の改正児童福祉法では年齢制限が撤廃され、自立が可能かどうかで判断される。

乳児院

さまざまな事情によって保護者との生活が困難な乳児を保護し、養育する施設のことだ。1歳未満の乳児を主に養育するが、必要がある場合には小学校入学以前の幼児も養育することができる。その後、実の両親や親族のもとに戻るか、特別養子縁組で新しい親に引き取られるか、または里親のもとに行くのだが、それが不可能な場合は児童養護施設に送られることになる。

児童自立支援施設

犯罪などの不良行為をしたりする恐れがある児童や、家庭環境などから生活指導を要する児童を入所または通所させ、必要な指導を行って自立を支援する施設だ。退所後も必要な相談や援助を行っている。ケースによっては家庭裁判所での審判の結果、保護処分として送致される場合もある。

児童心理治療施設

心理的問題を抱え、日常生活の多岐にわたって支障を来している子どもたちに、医療的な観点から、生活支援を基盤とした心理治療を中心に、学校教育との緊密な連携による総合的な治療、支援を行う施設だ。子どもの対象年齢は小・中学生を中心に20歳未満となっている。

それ以外に「里親」の家や、自宅で5人、または6人の児童を養育する「ファミリーホーム」などで生活することになるが、未就学児は里親やファミリーホームなどの家庭的な環境で生活することが推奨されている。

これらの施設に保護された場合、差し迫った虐待による危険はなくなるため、子どもの生命は守られ、安全、安心に生活することができる。

しかし、新しい環境に身を置くことになるため、これまで通っていた幼稚園、保育園、小学校なども変わってしまう。昨日まで一緒に遊んでいた友だちと離れ、新しい学校でゼロから学校生活に順応していかなければならないのだが、それは大きなストレスになってしまう。施設では集団生活になるため、安全な生活は保てるが、子どもたちの精神状態にはかなり大きな影響をおよぼすことを忘れてはならない。

いままでと異なる環境のもとでも、集団生活にすぐに適用する子もいれば、適応できない子もいる。入所後は「どうして自分だけがこんな目にあわなきゃいけないんだ」と悩み苦しむ子どもたちも多い。

施設に保護されたとはいえ、別の種類のストレスを抱えることになり、心の安定しない生活を経験しなければならないため、問題の根本的な解決にはならない。生活環境を変えることで虐待がなくなったとしても、連鎖的にストレスを感じ続けているということを認識しなければならない。

いちばんの問題は虐待を受けた子どもたちが家庭から分離された場合、どのように生活し、成長していくのかという点だ。虐待によってダメージを与えられた体や心の回復を、どのように支えていくのか、また、分離された家族とどのようなかかわりを持っていけばいいかがポイントになってくる。

ひとつの機関で解決できる問題ではない

虐待というのは、ひとつの機関で解決できる問題ではない。児童相談所が中心的な役割を果たすが、たとえば保育園や学校での生活、どういう情報を知っているか、病院はどうか、地域の住民は何か知っていることはないかなど、さまざまな立場からの情報が大事だ。学校や保育園などは見守りの役割を期待されているが、どういった虐待を受けていたのか、どういった問題を抱えていたのかがわからないと見守りもできない。そのため、虐待を防ぐにはネットワークの構築、連携のため、そういった個人情報の共有が非常に重要になってくる。

いまの時代、個人情報はしっかり保護しなければならない。保護者や子どもが精神疾患を抱えている場合、情報が漏れてしまう場合がある。少年事件の場合も同様な問題が存在していたが、「あの人、なんか変なことするんじゃないか」などと風評被害を受け、地域のなかで孤立してしまうこともあるため、慎重を期す必要がある。

子どもが発達障害を抱えていても、周囲が配慮することができれば、当事者に問題はないとはいえ、情報が地域社会に漏れてしまうと、「あの子は発達障害なんだから、怖いことするんじゃないか」など地域社会とのかかわりに影響してしまうことがある。

そのためにも虐待案件ではネットワークが重要なのだが、共有の必要性の一方で、情報を守らなければならないため、両方をしっかり考慮しながら解決に向かっていかなければならない。そのため、つねにバランスを意識しながら支援を行っていくということが求められている。

通報によって逆恨みを買った保育園

虐待通報が引き起こしたトラブルの事例がある。保育園の園児が不審なケガをしていたことから、園長が児童虐待を疑って児童相談所に相談した結果、児童相談所は保育園から直接、一時保護を行った。園児の母親としては突然の一時保護だったことで、園長が児童相談所に何か言ったんだろうと推測して園長を非難したのである。

その後、児童相談所が調査した結果、虐待の証明は難しいということで、約1カ月後に一時保護が解除され、家庭復帰が認められた。しかし、その結果を聞いていなかった園長は、1カ月後に母親がその子どもと一緒に保育園に登園してきたのを見て驚いた。

母親は「児童相談所が虐待じゃないって証明してくれたのですが、どうして児童相談所に通報したんですか？ 説明してもらいます？」と迫ったのだ。園長は子どもの安全を最優先し、虐待の恐れありと判断したために通報したのだが、こんなことになるのなら、もう二度と通報しなくなってしまうだろう。

最後は子どもは保育園に戻るのだから、見守ってもらうということが何より重要なことだ。こういったかたちで非難されるのなら協力できないという考え方になり、結果的には、この子どもにとってはマイナスになってしまうのである。

児童相談所が一時保護をしたこと自体は問題ない。しかし、保育園から直接、一時保護されたのであれば、当然、母親は保育園が通報したということは簡単に想像がつく。保育園としては、どういった結果になろうが、立場が悪くなってしまうのだ。

こういったケースの場合も、児童相談所が保護者と保育園の関係値が変わらないよう園長に一報を入れておくべきだった。実際に虐待があったとしても、ちょっとした言い方で保護者の感情は変わってくる。最後に子どもが不利益をこうむることだけは避けなければならない。

ＡＩ活用の失敗でわかったこと

一時保護に関して、２０２３年7月、虐待事件にＡＩ（人工知能）を活用していた児童相談所で、ある事件が起こった。

三重県津《つ》市で、４歳の女児をテーブルの上から床に転倒させて死亡させたとして42歳の母親が逮捕された。この事件には三重県の児童相談所がかかわっていたのだが、当初は調査結果によって子どもを「要保護児童」と位置づけていたのだ。しかし、その後、１年以上にわたって本人に直接会って状況を確認することをしなかった。

三重県の児童相談所は虐待が疑われる子どもを「一時保護」するかどうかの判断する際、ＡＩを活用した独自のシステムを運用していた。これはケガの状態などの条件を入力し、類似したケースでは、どの程度の割合で児童相談所が一時保護を行ったのかをパーセンテージで算出するというものだ。

三重県の児童相談所は、このシステムを2020年から運用を開始しており、虐待が疑われるケースで児童相談所の対応を記録した約1万3000件のデータが蓄積されていたという。

そこで、この虐待事件と類似しているケースをAIが分析したところ、39%の割合で一時保護されていたという結果が出た。逆から見ると61%が一時保護していないという分析になるため、結局はこのデータを参考にして一時保護は見送られることになり、最終的に悲劇的な結末になってしまったのである。

母親は児童相談所の指導に応じる姿勢を示していたとのことだが、虐待を「数字」で示した結果を参考にした時点で初期の対応が間違っているといわざるをえない。児童相談所としてはAIの評価はあくまで参考として捉えており、最後は専門職員が判断すると述べていたが、虐待がエスカレートしていくことで死亡事件にまで発展する可能性は、すべてのケースに内包されているのだ。

そのことを強く認識すべきで、数字という「二次元」で置き換えることができるような実態のない絵空事のことではない。最後は職員の判断に委ねられるため、さまざまな角度からの検証が必要だということを忘れてはならない。

一時保護を行う場合に最も重視すべきこと

一時保護を行う場合には、「一緒に相談していきましょう」「育てにくいところがあるようですから、行動を観察したり、検査したりもしてみようと思います」など保護者の気持ちを酌み取りながら、しっかり説明をしなければならないのだ。

しかし、保護者の意向をなんでも受け入れて対応をしてしまうと、保護者が「子どもを引き取らせてほしい」と要求してきたとき、たとえ時期尚早であっても、要求を拒む理由がなくなってしまう可能性がある。このような事態を避けるためには保護者の気持ちを理解しつつも、「状況が改善されるまでは引き渡すことは難しい」ということを明言すべきなのだ。

そして家庭復帰までに保護者として何をすべきか、児童相談所としてはどのような援助が可能であるのかをはっきり伝える。保護者の養育の不適切さを強く指摘したり、非難したりしてしまうと、それまでの支援関係や築いてきた信頼が途切れてしまい、子どもの保護ができなくなるケースもあるため、慎重に接しなければならない。保護者に抵抗の少ないかたちで保護につなげられるように説得することが大事だ。

保護者は「どのくらいの期間、入所するのか？」「その後はどうなるのか？」など具体的な見通しを尋ねてくるため、「子どもの様子を観察して、どういう援助がいいかを検討するには○○ぐらいかかると思います」と、ある程度、具体的な目処《めど》を伝えることも大事だ。

保護者が母親の場合には子育ての悩みを打ち明けてくるケースが多い。それ以外にも夫婦間の問題などを抱えているため、耐え切れずに虐待してしまったと告白してくる母親も多い。そこで今後のことを一緒に考えましょうと提案し、面会についても子どもの気持ちを聞きながら考えましょうなど見通しを伝えておく。

保護者のなかには先の見通しが持てず、いつまでたっても子どもを返してもらえないのではないかと一時保護に反対する場合が多い。法的には同意を必要としないからといって強引に保護をしてしまうと、保護者と敵対関係になってしまい、その後の援助が非常に困難になってしまうこともある。

したがって、保護者を説得することが基本になる。毅然とした態度で伝えつつ、とにかく一定の期間は保護が必要であることを理解してもらうよう説得することが求められる。

第8章

虐待する親、虐待される子どもの脳

「不適切な養育」によってつけられる脳の傷

21世紀に入り、脳研究の進展によって、子どもへの虐待に代表される慢性的なトラウマによって脳の働きに異常が生じることが明らかになってきた。脳の機能については、まだわからないことも数多くあるが、研究結果はすでに発表されているので、そのなかから代表的なものを紹介してみたい。

小児神経科医の友田明美《ともだあけみ》氏は、子どもたちの診療で外見からはわかりづらい「心の傷」を見えるようにするために、さまざまな「不適切な養育」を受けた人の脳の画像が撮れるMRIで調べた。

その結果、虐待や体罰を受けることで脳の大事な部分に「傷」がつくということが判明した。つまり、「不適切な養育」によって発達段階にある子どもの脳に大きなストレスを与えてしまい、実際に変形させていることが明らかになったのである。脳が傷つくことによって学習意欲の低下を招いたり、引きこもりになったり、大人になってからも精神疾患を引き起こしたりする可能性が大きくなるという。

「不適切な養育」とは、「子どもの健全な発育を妨げる、避けるべき子どもへのかかわり方」のことだ。大人が意図しているか、していないかにかかわらず、行為そのものが不適切であるかどうかが大事になってくる。

子どもの前で夫婦ゲンカをしたり、子どもの話を聞かなかったり、子どもの意思を無視して親が決めた教育方針を押しつけたり、子どもが遊んでほしがっているのに親がスマホばかりいじっていたり、しつけと称して怒鳴ったり脅したり暴言を吐いたりするといった心理的な虐待も含まれる。

多くの保護者が自分は児童虐待と無関係だと思い込んでいても、日常的に不適切な接し方で子どもの脳を傷つけてしまっている可能性があることを知っておく必要がある。

厳格な体罰を与えた場合には「前頭前野《ぜんとうぜんや》の萎縮」が見られたり、性的に不適切な養育（性的虐待）や両親の家庭内暴力を目撃したりすることなどは「視覚野の萎縮」、また暴言を吐くことによる「聴覚野の肥大」などは脳が傷つくことから「自分を守ろう」とする防衛反応だと考えられている。

不適切な養育行為がエスカレートしたとき、子どもの脳は物理的に損傷し、その結果、学習意欲の低下や非行、うつや統合失調症といった心の病に結びついてしまう危険性があると指摘されている。

「厳格体罰」の脳への影響

友田医師の脳画像の研究によって幼少期に受けた虐待の種類と脳が傷つく部位との関連が明らかになっている（図表9）。

体罰をはじめ、直接的な子どもの体への暴力は感情や思考のコントロールを司《つかさど》る「前頭前野」の一部を萎縮させることが明らかになっている。「前頭前野」とは記憶や感情の制御、行動の抑制、予測や推論など人として最も特徴的である脳の高度な働きを司る「司令塔」の領域だ。

2009年の研究調査では厳しい体罰によって前頭前野の容積が19・1％減少すると発表された。20代後半までゆっくり成熟していく前頭前野の一部が壊されると、うつに似た症状が出やすくなるという。また、前頭前野は犯罪抑制力にかかわる部位でもあるため、問題行動を起こす確率も高くなり、体罰を繰り返し受けていると非行に走りやすくなる危

図表9 | 虐待の種類別　被虐待児の脳に対する影響

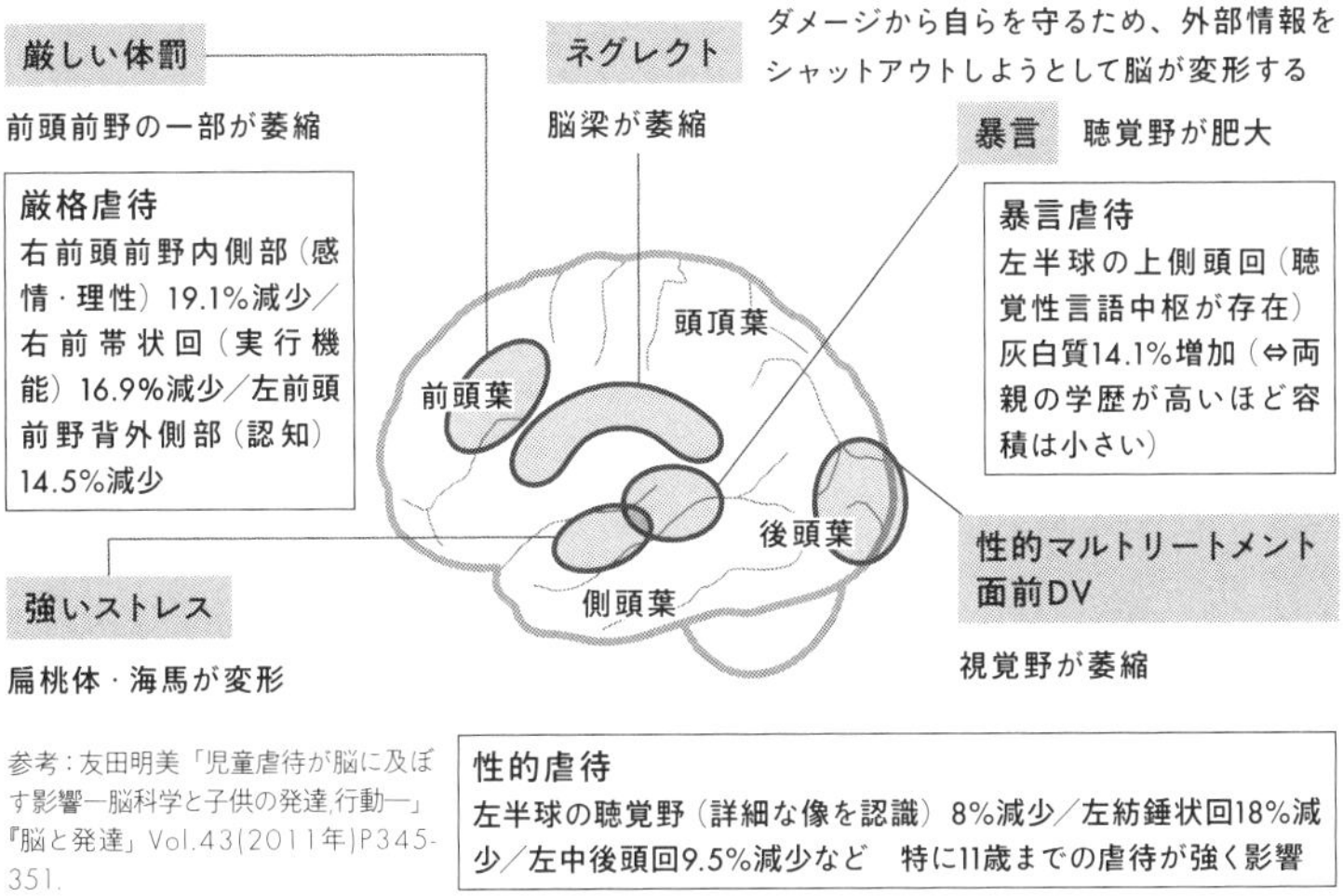

参考：友田明美「児童虐待が脳に及ぼす影響―脳科学と子供の発達,行動―」『脳と発達』Vol.43(2011年)P345-351.

険性も高まるという。

そのほか、集中力や意思決定、全体共感などと関係の深い前頭葉《ぜんとうよう》の「前帯状回《ぜんたいじょうかい》」の萎縮も引き起こし、また、脳のいちばん外側に広がる大脳皮質《ひしつ》の「感覚野」への痛みを伝えるための神経回路が細くなり、痛みに対して鈍感になるように脳を変形させていることも明らかになっている。

「性的虐待」の脳への影響

アメリカの精神科医であるダグラス・ブレムナー氏のグループは性的虐待を

受け、ＰＴＳＤを抱えている患者に対し、「レイプ―心的外傷」「あざ―暴力」「縛る―ムチ」などの虐待体験を想起させる単語のペアを聞かせるという実験を行った結果、非常に広範囲にわたる脳の部位での血流の低下が認められた。つまり、部位が正常に働いていないという可能性が示された。

性的虐待、いわゆる体に触るといった接触、性行為の強要のほか、「性器を見せる」「ポルノグラフィーを見せる」「裸の写真を撮る」「性行為を見せる」といった行為も性的虐待に含まれるが、そういった虐待が行われると、脳の後頭葉の「視覚野」が萎縮することがわかっている。

とくに容積の減少が目立つ部位は視覚野のなかでも顔の認知などにかかわる「紡錘状《ぼうすいじょう》回《かい》」という部位であり、「視覚野」の容積減少は視覚的な記憶システムの機能の低下が関係していると考えられている。

性的虐待は他の虐待に比べ、とくに明確な脳へのマイナスの影響が表れる。ほかの虐待に比べて被害を受ける年齢は比較的高いと思われるが、脳への影響がより明確に示されているのである。性的虐待はそれだけトラウマを与えるものということを、あらためて認識すべきである。

「暴言虐待」の脳への影響

子どもを罵倒したり、存在を否定したりする言葉の暴力や、両親のＤＶを目撃するなどの「心理的虐待」を受けた場合は「視覚野」や「聴覚野」を変形させることが明らかになっている。

具体的には子どもに対して「バカだ」「グズな子だ」「何をやらせてもダメな子」「あなたなんか産むんじゃなかった」などの蔑み、差別や罵倒、脅し、存在否定の暴言を吐いたり、「○○はできるのに、あなたは、なぜできないの？」など、きょうだいや友だちと比較したり、話しかけられても無視したり、子どもの意思を尊重せずに行動を強制的にコントロールしたりすることなども脳に悪影響をおよぼすことがわかってきた。

長期間にわたって暴言にさらされると、側頭部にある「聴覚野」の一部が肥大し、聞こえや会話、コミュニケーションがうまくできなくなることが明らかになっている。また、「側頭葉《そくとうよう》」は聴覚認知、言語の受容、視覚的な記憶、言語的な記憶および感情に不可欠な部位であるが、実験の結果、聴覚野の一部の容積が虐待を受けていない人に比べて平均

14・1%も増加していたという。

この状態になると、言葉の理解力などが低下し、心因性難聴になりやすくなるという。目から入る情報をキャッチして記憶する力が弱くなり、知能、学習能力が低下する可能性が指摘されている。また、「面前DV」の場合は大脳の後方にある「視覚野」が萎縮し、他人の表情を読めず、対人関係がうまくいかなくなるという結果が出ている。

「ネグレクト」の脳への影響

ネグレクトの場合は愛着障害につながり、喜びや快楽を生み出す「線条体《せんじょうたい》」の働きを弱めて左右の脳をつなぐ「脳梁《のうりょう》」を萎縮させるという。アカゲザルを使った実験研究において、ネグレクトを経験したアカゲザルの子どもは集団行動ができなくなったり、攻撃的になったりしたという結果が出ている。

脳梁とは哺乳類において左右の大脳半球をつなぐ交連線維《こうれんせんい》の束であり、両大脳半球間の情報連絡を行う部位である。脳の真ん中に位置しており、右の脳と左の脳をつなぐ橋としての役割をする束のようになっているのが交連線維だ。それぞれが独立して働く右脳と左脳をつなぎ、両者の共同作業を可能にする。

この部分を離断されてしまうと、右の脳と左脳が別々に動くことになるため、漫画を見て笑っていても、何がおかしいのか説明ができないといった奇妙な現象が生じてしまうのである。

虐待を受けた子どもの脳に見られる特徴

友田医師とハーバード大学医学部のマーチン・タイチャー氏が虐待を受けた子ども28名の脳梁に関する調査を行った結果、脳梁の後ろ側の脳梁膨大部《ぼうだいぶ》の体積が健常児に比べて16・7%小さかったと発表している。

また、虐待を受けた児童は脳波にも異常が認められた。タイチャー氏は児童精神科入院患者を対象に虐待の有無、MRIやCTスキャンなどの調査を行ったところ、平均年齢13歳の患者の54%に脳波の異常が見られた。

とくに深刻な身体的虐待や性的虐待を受けた人では72％に脳波の異常が見られたのである。また、この脳波の異常は左半球だけで、右半球には見られなかったということだ。この研究はアメリカで行われたものだが、日本国内で行われた実験でも同様の結果が表れており、この結果は人種差などには関係ないと考えられると友田医師は述べている。

また、虐待を受けた子どもの脳で注目されたのは大脳全体の大きさと脳梁の体積である。脳全体の大きさに関しては人間の脳は平均１２５０グラムで男女差があり、男性の脳が平均１３００グラム、女性の脳が１２００グラムである。以前から、いわゆる天才と呼ばれる人の脳が大きく、知的な遅れがある場合には小さいことが知られている。

ド・ベリス氏を中心とした研究者のグループは２００２年に報告した論文のなかで、28名のＰＴＳＤを抱える虐待を受けた子どもについて調べた結果、「前頭前野」および「側頭葉」の体積が減少し、早い時期から虐待を受けていると大脳が小さくなり、虐待を受けている期間が長いほど脳が小さいという研究結果を発表している。

これまでも強いトラウマの影響を受けやすいことが指摘されてきた脳の部位は「海馬《かいば》」と「扁桃体《へんとうたい》」だ。海馬は一般的な想起記憶の中枢であることが明らかで、「扁桃体」は海馬の先端にあり、記憶と情動に関連する認知を司るといわれている。強烈なトラウマを受けた患者は記憶の中枢であるこれらの部位の萎縮が認められている。

子どものころに虐待を受けた成人の海馬は健常者に比べて5〜18%小さい。また、解離症状やPTSD症状の重篤度と体積の小ささとは関連があり、体積が小さいほどそれらの症状が重症で、左右の海馬がともにダメージを受けていることが示されている。

扁桃体に関しても、脳の体積の減少が報告されている。このような現象は幼児期の虐待の影響があると考えられており、タイチャー氏のグループの調査によると、虐待経験のある成人の場合は経験のない人に比べて平均9・8%小さかったという結果が出ている。

虐待によって生じる脳の働きの変化

虐待を受けた子どもは見通しを立てたり予測したりすることが苦手な場合が多い。整理整頓が苦手、先に起こることの予測ができない、その結果、後先のことを考えず、すぐにバレるウソをつき、自分の首を絞める結果になるということを繰り返してしまう傾向がある。

「前頭葉」は感情中枢のコントロールを行っている部位だ。この機能が弱いということは感情や衝動に対する抑制が不十分な状況をつくりだすことになる。ＡＳＤ（自閉スペクトラム症）やＡＤＨＤなどの発達障害によって子ども時代に受けた虐待の後遺症のほうが広範囲な障害であり、治療も困難である可能性が指摘されている。

一般的に虐待を受けた子どもの問題は情緒的な側面から扱われるため、これまでは主に精神療法が行われてきた。しかし、子どもへの虐待が脳におよぼす影響の深刻さを考えると、生活療法や薬物療法なども含んだ包括的なケアをすることが必要であるといえるだろう。

虐待を受けて変形し、ダメージを受けてしまった子どもの脳の機能は回復や修復ができないのであろうか。

最近の脳科学研究では「脳の傷は癒やされる」という事例も多く報告されている。脳の細胞は皮膚や消化器とは異なるため、一度損傷してしまうと再生できないというのが一般的な考え方だったのだが、調査研究によって成人の脳においても再生や回復の可能性が指摘されている。

環境や体験、ものの見方や考え方が変わることで脳も変化する。子どもの脳は発達途上

図表10 | 被虐待児に見られる脳の異常と臨床像の比較（遠藤ら、2005年）

被虐待児で異常が指摘されている脳領域

脳梁,（島）	→	解離症状
海馬,（扁桃体）	→	PTSD,（BPD）
前頭前野	→	実行機能の障害
前帯状回	→	注意の障害
上側頭回, 眼窩前頭皮質, 扁桃体	→	社会性・コミュニケーションの障害

出典：あいち小児保健医療総合センター　杉山登志郎『発達障害の理解と対応』P44

であり、「可塑性」という柔らかさを持っており、早期発見、早期治療といわれるように、早いうちに手を打てば回復する可能性がある。そのためには専門家による心理的な治療、心のケアを慎重に時間をかけて行っていく必要がある。

幼少期から思春期までには脳のほとんどの部分が完成するが、大人の脳でさえ回復の可能性があるため、発達途中である子どもの脳も適切な治療やケアを行えば可塑性も高いと考えられている。幼少時に比べれば柔軟性は低下していくとはいえ、脳の部位によっては20代後半までゆっくり成長するということも明らかになっている。

そのため、子どもの場合は一日も早く適切な治療を施すことによって回復していく可能性が高くなると主張する研究者は多い。児童相談所で子どもと接していたときも、対応のしかたひとつによって心を開いてくれて、問題解決につながることも多かった。虐待を受け、トラウマを抱えている子どもと接するときは、そういったことを知識として持ったうえで対応する必要がある。

第9章

発達障害と虐待

虐待を繰り返す保護者の特性とは

ここまで数々の虐待事件を検証してきたが、児童相談所が介入しているにもかかわらず、虐待が続き、改善できないケースは少なくない。そういったケースを見ていくと、虐待する保護者になんらかの精神的な問題、いわゆる発達障害や軽度の知的能力障害の人が多かったことも研究結果として出ている。

子育てにおいて十分なコミュニケーションが取れないため、育てがいを感じることができずに虐待に向かってしまい、それが徐々にエスカレートしていく。ひとりで抱え込んでしまい、関係施設などの支援を受ける機会もなく、虐待に気づいた第三者から通報があって発覚するケースがほとんどだ。

児童相談所が介入したときには、すでに問題が深刻化していることも、事態の改善に時間がかかる理由だ。そういったケースでは保護者の特性をよく理解したうえで指導、支援していかなければならない。

精神科医の高橋和巳《たかはしかずみ》氏は、虐待する保護者は軽度の知的能力障害＋境界知能の人がほぼ

80％というデータを公表している。境界知能とはおおむねＩＱ（知能指数）71以上85未満で知的障害の診断が出ていない状態のことで、自分が虐待をしているという自覚がまったくない。

そのほか、約15％が被虐経験の心の傷を抱えている保護者で、虐待をしている自覚があり、自分から電話をかけて「虐待してしまった。助けてほしい」と訴えることが多い。また、残りの5％は統合失調症などの重い精神病を抱える保護者という結果だった。

虐待する親に共通して見られるのは、子どもだけではなく支援を行う相談員を含む周囲の人々ともトラブルを起こし、安定した関係を築きにくいというのも特徴だ。また、子どもの行動から感情を推測し、気づかう言葉をかけることもできない。

高橋氏がこの説にたどり着いたのは虐待する親の特徴を捉えようとしたからではなく、被虐待者のカウンセリングによって生じた疑問からであったという。うつなどの理由から来院した患者のうち、薬の効果がなく、うつを繰り返している人が一定数いることに気づき、これに疑問を抱いたという。そういった患者のカウンセリングを続けていくうちに、患者に共通する傾向を見いだした。

患者は決してみずから「虐待された経験がある」とは語らない。むしろ親子関係には問題がなく、良好であると語るという。「良好」とだけ語る場合は具体的な内容は決して語られることはない。それでも時間をかけて記憶をたどっていくと、患者自身のコミュニケーション上の問題、つまり相手との話の噛み合わなさが目立っていることに気づいた。それは背後にある感情を読み取る力の欠陥であるとしている。

そういった母親は自分の言動に一貫性がなく、子どもの言動に対しての推測ができない。したがって、次の行動を予測することができない。幼少期から同じような環境で育ってきたこともあり、慣れてしまっているため、それが「普通」だと認識してしまう。そのため、問題となっている現実をピックアップすることができないのである。

児童虐待と発達障害に関係性はあるのか

児童虐待と発達障害の関係性については、これまでも注目されてきた。発達障害は先天的な脳の障害として理解されているが、児童虐待は環境的な問題であり、それが要因の症状や問題などは後天的であると理解されていた。

そのため、これまでは二つはまったく別の次元の問題として扱われていて結びつかなかったのである。児童虐待は主に児童福祉の臨床領域で扱われる傾向があり、これに対して発達障害は先天的障害として主に医療や教育分野で扱われていたこともその理由だ。

児童精神科の門眞一郎《かどしんいちろう》医師は、「一部の発達障害、たとえば多動性障害やアスペルガー症候群の子どもが情緒障害児短期治療施設（現・児童心理治療施設）に入所してくることがあるが、それまでに虐待を受けていたということが決して少なくない。親子関係は相互的なものである。一方的に虐待者から被虐待者へと暴力が向かうのではなく、虐待を受ける子どもの側にも虐待を誘発しやすいリスクファクターが認められることが多い」と話し、子どもへの虐待と発達障害との関係性において、「虐待を誘発しやすいリスクファクター」として発達障害を捉えている。

1990年代後半から2000年代中ごろにかけて、児童虐待と発達障害の関連性が注目されるようになったのだが、その理由は発達障害を保護者による虐待を誘発しやすいリスクファクターとして捉える専門家が出てきたことによる。

ネグレクトや被虐待の子どもたちおよび家族に対する心理ケアと、虐待がおよぼす影響について研究している臨床心理士の平岡篤武《ひらおかあつたけ》氏によると、児童相談所が受理する児童虐待ケースのなかにASDが疑われるケースがあることを指摘し、先天的なハンディが不適切な養育に影響を与える可能性を念頭に置いて援助にあたるべきであると唱えている。

誤解を解くために強く主張しておきたいのだが、「虐待」と「発達障害」とは本来はまったく別の問題であり、子どもが発達障害を抱えていたとしても、親の適切な養育があれば虐待は起こる可能性は低い。

私がこれまで事件取材してきた発達障害を抱えていた未成年の事件や犯罪も、複雑な背景がからみ合って誘発されてしまった結果によるものだった。虐待に関しても同様、負の要素が重なり合ってしまうと、一気にその可能性は高まってしまうのだ。

虐待の後遺症として発生する精神的疾患

精神科医の杉山登志郎《すぎやまとしろう》氏は、「あいち小児保健医療総合センター」に受診に来た203名のうち、母子ともにASDであるケースが36組あり、そのうちの78%の28組に虐待が認められたとして、母子ともにASDの組み合わせが子ども虐待のハイリスクになることを指摘している。

実際に児童相談所で扱う虐待案件では多くの保護者が発達障害を含めた精神的疾患を抱えていて、「精神障害者保健福祉手帳」や「療育手帳」を持っている保護者も多く見られた。

杉山氏は愛知県立の子ども病院「あいち小児保健医療総合センター」に日本で初めて子ども虐待の専門外来である「子育て支援外来」を開設。そこではじめに驚いたことは、受診する虐待を受けた子どもに発達障害と診断される児童が少なくないことだったという。

そこで杉山氏のレポートを参考資料として、虐待と発達障害の関係を見ていきたい。


子どもへの虐待の後遺症となるひとつ目は「反応性愛着障害」である。「反応性アタッチメント障害」ともいい、養育者との愛着関係をつくる能力はあるが、生まれてから早い段階で無視されたり虐待されたりしたため、苦痛を感じたときにも抱っこされたり、励ましてもらったりしようとしない。

うれしさや楽しさの表現が少なく、つらいときや甘えたいときも素直に甘えられず、人のやさしさに対していやがる態度を見せることもある。相手に無関心で用心深く、信頼しないなど人との交流や気持ちの反応も少なく、一見するとＡＳＤのような症状を示すという。

また、深刻なネグレクトを受け、その後、養護施設で育った子どもの約20%が誰にでも見境なく愛着行動を示す症状が現れるという。安心がない状態で育つため、共感や社会性にも当然ながら欠落を生じることになるため、ADHDとASDが混合した症状が現れる。

もうひとつの子どもへの虐待の後遺症が「解離性障害」と「フラッシュバック」だ。非常に苦痛をともなう体験をしたとき、意識を体から切り離すという安全装置が働くが、なんらかの些細《ささい》な出来事が引き金となってフラッシュバックとして再現され、強烈な再体験をしてしまう。このフラッシュバックは従来考えられていたより広い範囲で生じるという。

たとえば虐待者から暴言を吐かれたときにフラッシュバックが起こり、些細なことからキレて急に目つきが鋭くなったり、「殺してやる」など口走ったりしてしまう「言語的フラッシュバック」、虐待者に押しつけられたり、植えつけられたりした考え方によって「自分は生きる価値がない」と繰り返し浮かぶ「認知・思考的フラッシュバック」、いわゆるキレる状態のことで、急に暴れ出したり殴りかかるなど虐待場面を再現してしまう「行動的フラッシュバック」などがある。

また、首を絞められたときのことを語っているときに、首を絞めた加害者の手の跡が首の周囲に浮かぶ「生理的フラッシュバック」といった不思議な現象もあるという。

さらに、「解離性幻覚」という現象もあり、つらい体験を自己意識から切り離したとき、そこにフラッシュバックが起こると、誰かの声が外から聞こえたり見えたりすることになって生じるものだ。このような幻覚症状は被虐待の過去を持つ保護者に認められる現象だが、統合失調症と誤診されることもあるという。

杉山医師は子ども虐待の後遺症の深刻さに驚くと同時に、これこそが、これまでわが国において子ども虐待への対応に失敗した理由だと確信するようになったという。

親としては、しつけの一環で愛のムチのつもりだったとしても、子どもには目に見えない大きな脳へのダメージを与えているということをもっと強く認識すべきである。

虐待にまでいたってしまう発達障害を抱える保護者は、さまざまな点で子育てに苦悩していることが明らかになっている。それを認識したうえで支援を考えていかなければ解決にはいたらないだろう。

このような保護者を支援するには援助者が保護者の発達障害の特性を把握し、保護者の言動や思考のパターンを見つけ出し、コミュニケーションを図り、その特性を理解したうえで論理的に支援のアドバイスを行うのが有効である。

具体的には口頭で伝えるだけではなく、図で示したり、箇条書きにしたりして視覚化を図るのも有効で、その際には具体的でわかりやすいアプローチを工夫《くふう》することが大事だ。また、決まりごととしての法律や規則を見せて行動基準を明らかにするということも有効である。

彼らを孤立させずにパートナーや家族、行政などで適切な支援者、協力者を紹介したり、療育手帳の取得方法、ジョブコーチなどの利用なども効果を伝えたうえで提示したりするとさらにいい。

保護者自身が発達障害についての認識がない場合や二次障害で悩んでいる場合などは医療機関の紹介などで、みずからの障害をきちんと理解し、向かい合う環境を提示することで早期の解決が可能になっていくのである。

子育てを行いながら日常生活を送るというのは定型発達者も発達障害者も誰もが行っていることだ。核家族化が進み、離婚率が高くなり、所得格差が開いている現状、養育に自信が持てない保護者は今後もさらに増えていくと考えられる。虐待事件が連日のように報道されている時代背景に焦点を当て、その根本原因に目をそむけることなく早期発見、早期対応を図るべきなのである。

虐待行為に見られる発達障害の特性

社会福祉法人の「子どもの虹 情報研修センター」は『平成23年度（引用者注＝2011年度）研究報告書「発達障害が疑われる保護者の虐待についての研究」―その特徴と対応のあり方をめぐって―』で、全国の児童相談所205カ所にアンケート依頼し、計141事例についての結果をまとめている。その結果を見ると、さらに虐待と発達障害との関係が見えてくる。

虐待行為に保護者の発達障害の特性がどれほど見受けられるかということを尋ねたところ、「ある程度見受けられる」が141事例のうち82件（58・2％）、「顕著に見受けられる」が50件（35・5％）で、両方を合わせると132件（93・6％）にものぼる。そして「あまり見受けられない」が9件（6・4％）と少なく、ほとんどの事例において発達障害の特性が虐待行為に影響していることがわかる（図表11）。

また、虐待を受けた子どもとの続柄については「実母」が81件（58・7％）で最も多く、半数を超えている。次に「実父」が45件（32・6％）となっている（図表12。回答は重複を含む）。

実際の現場においては母親が発達障害である場合のほうが深刻な虐待を招くケースが多い。理由としては父親が発達障害を抱えている場合には子どもと直接かかわる機会が少なかったり、子どもに無関心だったりするため、深刻な虐待にはいたらないことが多いと考えられる。母親が発達障害の場合は子どもと接する時間が長く、直接的に養育に携わる機会が多いため、虐待の発生につながりやすいと考えられる。

疑われる保護者の発達障害の種別に関していえば、図表13のとおり「広汎性発達障害（ASD）」がいちばん多く102件（72・3%）、次に多いのが「知的障害」で29件（20・6%）、「注意欠陥多動性障害（ADHD）」が15件（10・6%）となっている。

このように、ASDの割合は、ほかの発達障害の種別と比較すると、明らかに多い。この結果については、たんにASDはほかのADHDや学習障害（LD）に比べて特性がわかりやすいということもあるが、ほかの発達障害の特性より虐待に結びついてしまう危険が高いのは間違いないだろう。

図表11 | 虐待行為に見られる障害特性の有無

	あまり見受けられない	ある程度見受けられる	顕著に見受けられる
事例数（件数）	9	82	50
割合	6.4%	58.2%	35.5%

出典：『平成23年度研究報告書「発達障害が疑われる保護者の虐待についての研究」
―その特徴と対応のあり方をめぐって―』（子どもの虹 情報研修センター）

図表12 | 保護者と被虐待児との続柄

保護者	実父	養父	継父	実母	養母	継母
事例数（件数）	45	5	4	81	1	2
割合	32.6%	3.6%	2.9%	58.7%	0.7%	1.4%
	39.1%			60.9%		

出典：同前

図表13 | 疑われる保護者の発達障害の種別

種類	広汎性発達障害	注意欠陥多動性障害	学習障害	知的障害	その他
事例数（件数）	102	15	3	29	6
割合	72.3%	10.6%	2.1%	20.6%	4.3%

全ケース数は141事例で、重複を含む
出典：同前

虐待について、どう認識しているのか

保護者が虐待について、どのように認識しているのかについては、虐待をしているという認識があり、他者に対しても自分が虐待をしていることを認めているという「自己、他者への認識あり」が26件（18・4％）、虐待をしている認識はあるが、他者に対しては自分が虐待をしていることを認めようとはしないという「自己への認識があるが、他者には否認」は12件（8・5％）、虐待をしている認識はないが、他者からそれを指摘されると虐待の認識はできたり、あるいは認識したりしようとするという「自己への認識はないが、指摘されると認識できる」が38件（27・0％）、虐待をしている認識はなく、他者から指摘されても自分が虐待をしていることを認めようとはしないという「自己、他者とも認識なし」が56件（39・7％）という結果になっている（図表14）。

比率でいちばん多いのは「自己、他者とも認識なし」であるが、「自己への認識はないが、指摘されると認識できる」についても大きな割合を占めている。つまり、発達障害を疑われる保護者の場合、自分が行っている行為を虐待として認識しにくく、しかも、それを他

図表14 ｜ 保護者の虐待への認識のあり方

虐待への認識	自己、他者への認識あり	自己への認識があるが、他者には否認	自己への認識はないが、指摘されると認識できる	自己、他者とも認識なし	その他	不明
事例数（件数）	26	12	38	56	7	2
割合	18.4%	8.4%	27.0%	39.7%	5.0%	1.4%

出典：同前

図表15 ｜ 被虐待児への影響

被虐待児への影響	事例数（件数）	割合
身体面	20	14.2%
知的面	29	20.6%
情緒面	50	35.5%
感情面	68	48.2%
欲求面	28	19.9%
自己面	36	25.5%
日常面	48	34.0%
食生活面	7	5.0%
睡眠面	9	6.4%
反社会的行動	31	22.0%
精神面	11	7.8%
対人面	29	20.6%
その他	15	10.6%
影響なし	11	7.8%

全ケース数は141事例で、重複を含む

出典：同前

者から指摘されても認識できない場合もあるし、他者から指摘されてようやく虐待であることが認識できる場合が多いということがいえる。

虐待が受けた子どもにどのような影響を与えているのかについて、感情の爆発や抑圧などの「感情面」への影響が68件（48・2％）と約半分に影響が出ている。

次に過敏さや傷つきやすさなどの「情緒面」への影響は50件（35・5％）、落ち着きのなさや多動、衝動などの「日常面」への影響は48件（34・0％）、自分のイメージが悪いなどの「自己面」への影響が36件（25・5％）、暴力や家出、盗みなど逸脱行動としての「反社会的行動」への影響が31件（22・0％）あった。

さらに、学習の遅れ、言葉の遅れなどの「知的面」での影響が29件（20・6％）、必要以上にベタベタしたり、逆に距離を取ろうとしたりするなど「対人面」への影響が29件（20・6％）、満たされなさや慢性的な空虚感など「欲求面」への影響が28件（19・9％）あった（図表15）。

以上のように、虐待を受けた子どもへの影響は感情面や情緒面をはじめ、多方面に表れているのだ。

図表16の「被虐待児の発達障害の有無と種別」とも関連するが、虐待を受けた子ども自

身も発達障害を抱えていると思われる場合が多く、ここで回答のあった虐待を受けた子どもへの影響は虐待の影響なのか、発達障害の特性に起因するものなのかが定かではなく、その両者の影響を受けた結果が、この数値に反映されたとも考えられる。

虐待を受けた子どもの特徴

虐待を受けた子ども自身に発達障害があると思われるのは、図表16にあるとおり、106件（75・2%）とかなり高い割合を占めていた。

その内訳は、「広汎性発達障害（ASD）」が59件（55・7%）、「注意欠陥多動性障害（ADHD）」が30件（28・3%）、「知的障害」が25件（23・6%）であった。ここからいえることは、「知的障害」よりASD、あるいはADHDを有する子どものほうが虐待を受けやすい傾向にあることを示している。

これらのデータから見ても、保護者が発達障害であることに加え、子ども自身も発達障害を有することで適切な養育状況にはなりにくく、虐待にまで発展してしまうと考えられ

図表16 ｜ 被虐待児の発達障害の有無と種別

被虐待児の発達障害の有無	ある	ない（不明も含む）
事例数（件数）	106	35
割合	75.2%	24.8%

種類	広汎性発達障害	注意欠陥多動性障害	学習障害	知的障害	その他
事例数（件数）	59	30	1	25	5
割合	55.7%	28.3%	0.9%	23.6%	4.7%

発達障害のある全ケース数106事例で、 重複を含む

出典：同前

図表17 ｜ 被虐待児の二次障害の有無

被虐待児の二次障害	あり	なし	不明
事例数（件数）	34	99	8
割合	24.1%	70.2%	5.7%

パニック障害：4　　うつ病等：5
強迫性障害：3　　反社会的行動：19
その他：7　　（複数回答含む）

出典：同前

る。この事実をどう養育環境の改善に生かすかが問われているといえるだろう。

発達障害を抱える虐待を受けた子どもの二次障害とは子どもの場合、発達障害の特性によって学習の遅れや対人関係がうまくいかず、学校で孤立するなどの状況になり、抑うつやパニック障害などの精神疾患が引き起こされることがある。

二次障害については図表17のとおり、「あり」が34件（24・1%）、「なし」が99件（70・2%）であった。二次障害がないと回答した事例には虐待を受けた子どもが乳幼児であったりすることもあり、この段階では二次障害としての兆候が明らかではなかったと考えられる。内訳としては、「反社会的行動」が圧倒的に多く、次に「うつ病等」「パニック障害」「強迫性障害」であった。つまり、発達障害を有している虐待を受けた子どもは逸脱行動や非行などとの関連が生まれる可能性が高いということがいえる。

これらのデータを見ていくと、発達障害の特性が虐待行為そのものにかなり高い確率で影響しているといえる。保護者自身は自分が発達障害を抱えていることを自覚している人は少なく、それどころか、自分が行った虐待行為が発達障害の特性と関連していることを理解していないのである。無自覚であることが保護者自身の養育の困難を増幅させ、ますます虐待を深刻化させていくといえる。

それでいうと、母子ともにＡＳＤという組み合わせが子ども虐待の高リスクにつながることが示されている。

子どもと親の両方が発達障害を抱えている場合、発達障害の特性が不適切な養育を招いているという一次的な状況に加え、発達障害であることが養育ストレスの増加と相まって虐待に発展するという二次的な状況を生んでいると考えるべきだろう。

被害児童にとって必要な養育環境とは

これまで、さまざまなケースの虐待案件を取り上げてきた。良好な家庭環境で養育されることが子どもにとっていちばんの幸福であることは間違いない。しかし、現実はそう簡単ではなく、困難をともなう。

ある一定期間、手厚い支援を行い、一時保護所や施設から子どもを家庭復帰させれば、もう二度と虐待が起こらないかというと、残念ながら、そう言い切ることはできないのが現実だ。

子どもが家庭復帰したからといって新しい家族関係が始まるわけではなく、これまでと同様、日常生活が再び始まるだけである。「子どもの幸ある将来」だけに焦点を当てれば、家庭復帰以外にも、さまざまな解決方法が見えてくる。虐待を受けてきた子どもたちの未来については広い視野を持って議論することが何より必要だ。

最近の研究によると、親戚、子育て支援など第三者が養育にかかわったほうが親や保護者だけで育てた子どもより脳のネットワークがより発達するということがわかっている。そこで理想論を語るのではなく、現実を踏まえたうえで、最後に具体例として、どういった対策が可能なのかについて述べてみたい。

「社会的養護」の必要性

「社会的養護」という言葉をご存じだろうか。

社会的養護とは保護者のいない児童や、保護者に生活の面倒を見てもらうことが困難な児童に対して公的責任で社会的に養育し、困難を抱えている家庭への支援を行うことだ。

子どもの最善の利益のためと、社会全体で子どもを育むことを理念として行われている。

社会的養護が必要とする子どもについては児童福祉法で「要保護児童」と定義している。社会的養護を必要とする子どもの状況が複雑化、深刻化していることにともない、一人ひとりの子どもの状況に応じた、よりきめ細かな支援が求められているということだ。

在宅指導で保護者を支援し切れなくなった場合、社会的養護の援助指針を提案することになる。基本理念は「こどもの最善の利益のために、社会全体でこどもを育む」ということだ。

社会的養護は大きくいうと、「家庭的養護」と「施設養護」とに分けられる。

家庭的養護は養子縁組を目的とせず、ある一定期間、子どもを養育する「養育家庭」、子ども5、6人を養育する規模の大きな「ファミリーホーム」、専門的なケアを要する虐待を受けた子どもや知的障害児、非行児童などを養育する「専門養育家庭」、両親の死亡などによって子どもを引き取って養育する3親等以内の「親族里親」、養子縁組を前提として養育する「養子縁組里親」などがある。

一方、施設養護としては、これまでも出てきた「児童養護施設」「乳児院」「児童自立支援施設」などがある。

また、「特別養子縁組」という制度をご存じだろうか。いわゆる「養子」のことで、子どもの実親（生みの親）との法的な親子関係を解消し、実子と同じ親子関係を結ぶ制度のことだ。こちらは期間を定めるものではなく未来永劫《えいごう》、永続的に解決（パーマネンシー保障）する制度で、家庭裁判所の決定が必要となる。

現在は約7700人の子どもが里親など（ファミリーホームを含む）に委託されており、里親等委託率は22・8％となっている。里親等委託率とは「（里親＋ファミリーホーム）÷（児童養護施設＋乳児院＋里親＋ファミリーホーム）」の児童の数で表される比率で、厚生労働省としては、この委託率をもっと上昇させるための政策を行っている。

東京都に関していうと、約4000人の里親登録者がいる。人数としてはここ数年、横ばい状態だ。そのため、都としては2029年度には里親等委託率を現在の16・6％から37・4％に引き上げる推進計画を掲げている。相当スピードを上げて対応していかないと難しい数字であるのはいうまでもない。

委託家庭が進まない理由は二つある。一つ目は養育が難しい場合は「施設のほうがいい」と思っている子どもが多いということ、二つ目は実の親が里親に出すのを承認しないということが挙げられる。また、職員が日常業務に追われ、里親委託への業務に十分にかかわれていないことや、専任の担当職員が配置されていないなどの理由もある。

子どもにとっては家庭での養育はとても重要なのだが、里親制度に対しては親子でアレルギーを持っているということがいえる。そういった理由から、欧米などと比べても、日本では、なかなか里親制度が浸透していかないのである。

現在の不安定な社会情勢を鑑みると、今後、虐待事件はまだ増加していくだろう。いや、虐待事件の増加というよりは明るみに出る件数が増加するといったほうが正しいかもしれない。

今日も閉ざされた部屋で虐待を受け、声を上げることができずに脳に損傷を受けている子どもたちが、どこかにいるということを忘れてはならない。見ないふり、気づかないふりをして通り過ぎるのではなく、ときには大人による「おせっかい」も必要だということを、ぜひ胸に刻んでおいてほしい。

おわりに
4割の大人が体罰を容認する虐待後進国・日本

私は大学卒業後、法務省矯正局の少年鑑別所で非行少年や虞犯《ぐはん》少年たちの更生にかかわり、そこからキャリアがスタートした。

子どもは養育される環境はもちろん、保護者との関係性、生育歴によって、ほぼ将来が決まってしまう。退官後は、さまざまな少年事件の取材活動を続けてきたが、最後に行き着いたのが、まさに時代の闇をあぶり出す「虐待」という行為だった。

たびたび児童福祉法が改正されており、虐待が巷《ちまた》で注目されるようになったのは本書でも取り上げた2018年「目黒女児虐待事件」、2019年「野田小4女児虐待事件」、2019年「札幌市2歳女児衰弱死事件」の3大児童死亡事件だ。これらの児童虐待事件があとを絶たなかったのを受け、2019年6月に児童虐待防止法および児童福祉法が改正され、虐待を防止するために親権者などによる体罰禁止が明確化された。

最も大きく変わったのは2022年12月10日からだろう。時代錯誤も甚だしい1898

年施行という120年以上も前の古い明治民法から続いてきた「懲戒権」が削除されたのである。

懲戒権とは児童虐待を正当化する口実になっているとずっと指摘されてきた。旧民法第822条は「親権を行う者は、第八百二十条の規定による監護及び教育に必要な範囲内でその子を懲戒することができる」と明記されていて、具体的には「殴る」「縛る」「押し入れに入れる」「叱る」などの行為がそれに相当するとされており、親権者の懲戒権を定めていたのだが、改正民法でようやく削除されたのだ。

改正民法では親権者に「子の人格を尊重するとともに、その年齢及び発達の程度に配慮しなければならず、かつ、体罰その他の子の心身の健全な発達に有害な影響を及ぼす言動をしてはならない」と求める条文が追加された。子どもや児童関係者にとっては一歩進んだ内容になったといえるだろう。

子どもの権利条約(児童の権利に関する条約)は世界中すべての子どもたちが持つ権利を定めた条約だ。1989年11月20日、第44回国連総会において採択された。この条約を守ることを約束した締約国・地域の数は196にのぼり、世界で最も広く受け入れられている人権条約で、日本は1994年に批准している。

子どもの権利は大きく分けて「生きる権利」「育つ権利」「守られる権利」「参加する権利」の四つが基本的な柱とされ、子ども（18歳未満）が権利を持つ主体であることを明確に示した。大人と同じように、ひとりの人間として持つさまざまな権利を認めるとともに、成長の過程にあって保護や配慮が必要な子どもならではの権利も定めている。

しかし、しつけのために体罰は必要だという意識は、残念ながら、日本の社会にはまだ残っている。２０２１年1月に国際非政府組織（ＮＧＯ）の「セーブ・ザ・チルドレン・ジャパン」が2万人の大人を対象に体罰などに関する意識、実態を調査した結果、体罰を容認する人が41・3％も存在していたのである。

２０１７年の前回調査の56・7％から15・4ポイント減少してはいるが、5人に2人の割合でいまだに体罰を容認しているのだ。まだまだ日本の社会では虐待に関しての意識が低いといわざるをえない。

本書の執筆にあたって、出版の話をご依頼いただいたイースト・プレスの永田和泉社長、編集を担当していただいた中野亮太さん、そして永田社長からのご提案を受け、忍耐強く完成までおつきあいしていただいた編集者の畑祐介さんには心より感謝を申し上げたい。

また、一緒に幸ある子どもの未来のために汗水流しながら一緒に仕事をした児童相談所のみなさん、すばらしい装丁に仕上げていただいた細山田デザイン事務所の鎌内文さん、そして最後まで励ましてくれた家族にも心から感謝の念を表したい。

私がこれまで取り上げてきた少年事件や児童虐待の取材を通して最も伝えたいことは、子どもの成長にとっていちばん大事なことは「養育環境」だということに尽きる。届かなかった子どもたちの声に思いを馳《は》せ、本書が子どもの養育に携わるすべての人たちにとって、参考となることを心から願っている。

2023年1月　草薙厚子《くさなぎあつこ》

主な参考文献

[第2章]

●船戸優里『結愛へ　目黒区虐待死事件　母の獄中手記』（小学館）
●「香川県児童虐待死亡事例等検証委員会検証報告書（平成29年度発生 事案）」（香川県）
●「一般社団法人日本子ども虐待医学会（ＪａＭＳＣＡＮ）子ども虐待死亡事例検証委員会 検証報告書【平成30年3月2日5歳女児虐待死事件】」（一般社団法人日本子ども虐待医学会）
●「子ども虐待による死亡事例等の検証結果等について」（社会保障審議会児童部会児童虐待等要保護事例の検証に関する専門委員会）

[第3章]

●「野田市児童虐待死亡事例検証報告書（公開版）」（野田市児童虐待死亡事例検証委員）
●「児童虐待死亡事例検証報告書（第5次答申）」（千葉県社会福祉審議会）
●「児童虐待死亡事例検証報告書（平成31年1月　千葉県野田市10歳児死亡事例）」（沖縄県社会福祉審議会 児童福祉専門分科会 審査部会）
●「平成31年（わ）第２４３号、第３２０号、第４２５号　傷害、傷害致死、暴行、強要被告事件令和2年3月19日　千葉地方裁判所刑事第5部判決」

[第4章]

●「令和元年6月死亡事例に係る検証報告書」（札幌市子ども・子育て会議児童福祉部会）

●「令和元年(わ)第524号　傷害致死(変更後の訴因 傷害致死、保護責任者遺棄致死)被告事件」判決
●「令和元年(わ)第525号　保護責任者遺棄致死被告事件」判決

[第5章]
●「令和4年度児童死亡事案検証結果報告書（富田林市事案）」（大阪府社会福祉審議会児童福祉専門分科会　児童虐待事例等点検・検証専門部会）

[第8章]
●友田明美『子どもの脳を傷つける親たち』(NHK出版)
●友田明美『実は危ない！　その育児が子どもの脳を変形させる』(PHP研究所)
●友田明美、藤澤玲子『虐待が脳を変える　脳科学者からのメッセージ』(新曜社)

[第9章]
●杉山登志郎『発達障害のいま』(講談社)
●杉山登志郎『子ども虐待という第四の発達障害』(学研プラス)
●高橋和巳『消えたい　虐待された人の生き方から知る心の幸せ』(筑摩書房)
●高橋和巳『「母と子」という病』(筑摩書房)
●「平成23年度研究報告書「発達障害が疑われる保護者の虐待についての研究」—その特徴と対応のあり方をめぐって—」(子どもの虹 情報研修センター)
●「子ども虐待対応の手引き」(厚生労働省)

子《こ》どもを育《そだ》てられない親《おや》たち

2024年2月15日　第1刷発行

著者 ………… 草薙厚子

アートディレクション ………… 細山田光宣
デザイン ………… 鎌内 文（細山田デザイン事務所）
装画 ………… 横村 葵
編集協力 ………… 畑 祐介

発行人 ………… 永田和泉
発行所 ………… 株式会社イースト・プレス
〒101-0051
東京都千代田区神田神保町2-4-7
久月神田ビル
Tel.03-5213-4700
Fax03-5213-4701
https://www.eastpress.co.jp
印刷所 ………… 中央精版印刷株式会社

ISBN 978-4-7816-2286-6